책의 역사

다카미야 도시유키 지음 | 김수희 옮김

AK

일러두기

1. 이 책에 나오는 외국 지명과 외국인 인명은 국립국어원 외래어 표기법에 따랐다.

2. 본문의 각주는 모두 옮긴이가 추가한 것으로 독자의 이해를 돕기 위해 비교적 상세히 달았다.

3. 서적 제목은 겹낫표(『 』)로 표기하였으며, 그 외 인용, 강조, 생각 등은 작은따옴표를 사용하였다.

4. 역자명이 없는 번역문은 원칙적으로 저자에 의한 번역(또는 감역)이다.

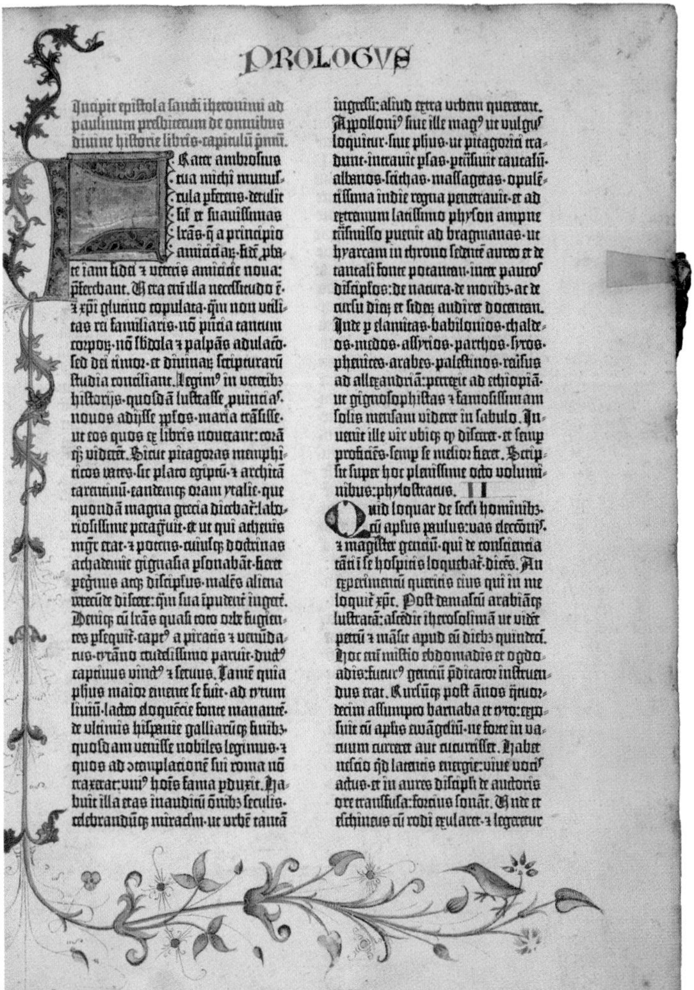

구텐베르크 성서(첫 번째로 인쇄된 40줄 버전), 15세기, 게이오기주쿠(慶應義塾) 도서관 소장

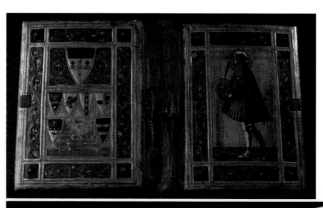

우상: 마치 중세시대 작품처럼 묘사되고 있는, 스페니시 포저(Spanish Forger)의 세밀화.

우하: The Preacher('부조[relievo] 제본', 1849년)

좌상: 이칠리오 페데리코 요니(Icilio Federico Joni)가 만든 '타볼레타(Tavoletta)', 이것도 15세기로 추정되는 제작연도가 남아 있지만, 기실은 19세기의 작품

좌하: 『장미 이야기(Le Roman de la Rose)』, (윌리엄 모리스가 출판한 『초서 저작집』에서 발췌, 1896년)

3

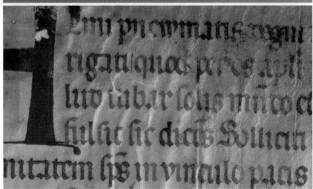

상: 「시편」의 미니어처 북(자수 제본, 83mm×52mm, 1630년)
하: 양피지 필사본(부분, 15세기)

들어가며

맨해튼 중심 마천루에 둘러싸인 '피어폰트 모건 도서관'은 저명한 은행가 '존 피어폰트 모건'(John Pierpont Morgan, 1837—1913)이 설립한 도서관이다. 전 세계의 연구자들과 관광객들이 미술품이나 서적을 보기 위해 방문하는데, 이 정도 규모의 도서관이라면 보통 필사본 담당 부서와 인쇄본 담당 부서로 나뉘게 된다. 피어폰트 모건 도서관의 인쇄본부장으로 오랜 세월 활약해왔던 커트 F. 빌러(Curt F. Bühler, 1905—1985)는 책의 역사에 대해 기존의 상식을 송두리째 뒤바꿔버릴 사실을 발견했다.

인간과 책의 역사에는 '필사본에서 인쇄본으로'라는 거대한 흐름이 있다. 즉 거위깃털 펜과 잉크, 필사를 통해 책이 제작되던 시대를 거쳐 마침내 활판 활자문화가 탄생되면서 인쇄본이 등장하게 되었다. 그러나 빌러는 15세기 후반부터 16세기에 걸친 유럽 전역에서 '인쇄본에서 필사본으로'라는 정반대의 현상도 발견된다는 사실을 증명했다.

『참회록』인쇄본(위)과 수서본 (아래) Curt F. Bühler, 'An Unusual Fifteenth-Century Manuscript', *La Bibliofilía*, Vol. 42, No. 1/3, 1940, pp. 65-71

가장 먼저 보여주었던 것은 뷜러 본인이 소장하고 있던 라틴어 『참회록』 필사본이었다. 당시 필사본에는 날짜를 기입하는 습관이 없었다. 그런데 이 『참회록』에는 안트베르펜(Antwerpen)의 헤럴드 리유(Gerard Leeu)가 인쇄한 1486년 1월 8일이라는 날짜가 적혀 있었다.

요컨대 뷜러가 소장하고 있던 필사본은 15세기의 인큐내불라 (incunabula, 요람기 서적, 초기 활판인쇄술 시기에 인쇄된 서적을 말한다. 이 용어는 원래 '기저귀' 혹은 '요람'

을 의미했다)를 그대로 베낀 것으로 추정된다. 뷜러는 '인쇄본을 그대로 베낀 필사본'이 다수 현존한다는 사실을 발견하면서 서적의 역사가 결코 한쪽 방향으로만, 단선적으로만 진행되어왔던 것이 아니라고 판단했다.

한편 런던에 있는 캔터베리 대주교의 관저로 템스강 남쪽에 위치한 램버스궁(Lambeth Palace)의 호화로운 도서관에는 구텐베르크 성서가 소장·전시되고 있다. 이것은 구텐베르크(?—1468)가 발명한 활판인쇄술에 의해 독일 마인츠에서 인쇄된 것이다. 성서는 제본되지 않은 시트 상태로 잉글랜드까지 배로 운송되어, 런던에서 15세기 중엽의 필사본 장식 양식에 따라 아름답게 채색되고 나서 제본되었다고 한다. 그래서인지 1812년 도서관 목록이 만들어졌을 무렵, 이 인쇄본은 엉뚱하게도 '필사본 15번'이라는 서가 소장번호가 부여된 채 오늘에 이르고 있다.

그러나 이것은 어쩌면 당시 인쇄업자들이 의도했던 바를 그대로 반영한 것일지도 모른다. 실제로 1454년부터 1455년, 인쇄본의 효시로 등장한 이 '42행 성서'는 구텐베르크의 협력자 요한 푸스트(Johann Fust, 1400경—1466)에 의해 '필사본'으로 프랑스 수도원에 팔려간 사례도 있다.

마인츠에서 인쇄되었다가 런던에서 채색된 구텐베르크 성서, 램버스궁 소장. 크리스토퍼 드 하멜(Christopher de Hamel), *A History of Illuminated Manuscripts*, 2nd ed., 1994, p. 230

당시의 인쇄본은 그야말로 인간이 직접 그대로 베낀 것 같은, 언뜻 보기에 자칫 필사본으로 오해될 수 있는 것이 바람직했다. 20세기 전반에 활약한 서지학자 에드워드 고든 더프(Edward Gordon Duff)는 초기 인쇄업자들이 인쇄술을 가리켜 "기계적인 수단으로 글을 쓰는 기술, '인공적으로 쓰는 기술'"이라고 했다고 한다. 구텐베르크가 혁신적인 기술을 사용하는 한편, 완성된 성서의 외관이 필사본과 아무런 차이가 없게 보이려고 얼마나 노력했는지를 여실히 알려주는 에피소드라고 할 수 있다.

구텐베르크가 성서 본문을 작업할 때 사용한 활자는 현대의 알파벳과 달리 대문자 26자, 소문자 26문자만이 아니었다. 중세 필경사가 손수 적은 문자에는 몇 개의 글자가 이어지거나 생략되었음을 보여주는 것도 많은데, 초기 인쇄업자는 엄청나게 이어진 문자나 생략기호 등 모든 것을 납 합금의 활자로 주조했다. 이 시대 학문을 지탱하던 수도원이나 대학 관계자는 이런 것들을 난해하다고 느끼지 않았다. 도리어 그들은 생략기호의 도움을 받으며 품위 없는(때문에 인문주의자들이 더더욱 혐오했던) 고딕체로 적힌 글을 읽었다. 앞선 페이지에 나온 예처럼 미니움(minium)이라고 불린, 짧은 세로선(i에는 위의 점이 없었

mimi numinum niuium minimi munium nimium ntmi munimimum imminui uiui minimum uolant

'mimi numinum niuium minimi munium nimium uini muniminum imminui uiui minimum uolant'를 고딕체 미니움(minium)으로 적어 내려간 것. "눈[雪]의 신들이라는 아주 작은 익살꾼조차, 그들이 살아 있는 동안 와인을 지키는 막중한 의무가 경감되는 것을 결코 떳떳해하지 않는다"라는 뜻

다!)의 연속도 그들은 전후 맥락을 통해 어렵지 않게 읽어 낼 수 있었다.

구텐베르크 성서는 180부 정도 인쇄되었는데 현재까지 남아 있는 것은 48부에 불과하다. 애당초 동일한 활판 인쇄를 통해 세상에 나왔음에도 본문에서는 약간의 차이가 발견된다. 이는 영국 최초의 인쇄업자 윌리엄 캑스턴 (William Caxton, 1415/22경—1491)의 인쇄물 등에서도 공통적으로 발생한 현상이었다. 서적사(도서사)나 서지학이라는 학문이 필요한 이유 중 하나가 바로 이 점에 있다.

우선 초기 인쇄본과 구텐베르크 성서에 대한 이야기부터 시작했는데, 이 책의 목적은 유럽 책의 역사에 관한 다양한 사례를 통해 점과 점을 이어 선을 그려내는 것에

있다. 문자 미디어가 어떤 과정을 통해 탄생되었는지, 어떤 대상을 필사 소재로 삼아 발전해왔는지, 파피루스 두루마리 책은 어째서 양피지 책자본에 자리를 내주었는지도 고찰하고 있다. 중세에 책을 필사하는 생산 과정을 담당한 수도원 사본실의 모습, 인쇄술의 발명이 초래한 서적 문화의 급격한 보급과 보틀넥(병목) 현상, 음독에서 묵독으로 변해가는 독서 형태, 넘쳐나는 인쇄본과 힘겨운 싸움을 벌이던 르네상스 문화인, 19세기에 전개되는 중세 취향으로의 회귀 현상, 서적 수집가의 출현과 위조 서적의 등장 등, 서적의 생산·유통·감상의 역사가 펼쳐내는 현란함을 만끽하시길 바란다.

목차

목차 도판
14 페이지 세인트알반스(세인트올번스, St Albans)의 스쿨 마스터 프린터가 인쇄본에
　　　사용한 마크
15 페이지 구텐베르크가 사용한 마크
16 페이지 푸스트와 페테르 쉐퍼(Peter Schöffer)의 프린터즈 마크
17 페이지 (위)알두스 마누티우스의 프린터즈 마크(아래)캑스턴의 프린터즈 마크

사진 오코치 다다시(大河內楨)
　　들어가며 10 페이지
　　책의 첫머리 그림 2-4페이지
　　본문 26, 75, 163 하, 169, 178, 189, 198, 200, 227, 228, 233, 241, 273

문자 미디어, 태고의 형태

약 2,000 전의 문서판

클라우디아 세베라(Claudia Severa)로부터 여동생 레피
디나(Lepidina)에게

9월 11일은 내 생일이니 부디 우리에게로 오길 바란
다. 함께 지낼 수 있다면 훨씬 즐거울 터이니. 댁에 계실
케리알리스(Cerialis) 씨에게도 아무쪼록 안부를 전해주
길. 우리 집에 있는 아일리우스(Aelius)와 꼬마들도 자네
의 남편에게 안부를 전해달라고 하네. 잘 지내길, 나의
소중한 여동생이여.

언뜻 보기에는 언니가 동생에게 보낸 평범한 생일 파
티 초대장이다. 더할 나위 없이 다정한 자매 사이가 연상
되는데, 이런 편지라면 오늘날에도 흔히 볼 수 있다. 그
러나 깜짝 놀랄 사실이 있다. 이는 지금으로부터 무려 약
2,000년 전, 잉글랜드 북부에 위치한 로마군 주둔지 빈돌
란다(Vindolanda) 지역에서 작성된 편지였다. 이 편지는
목판 위에 펜과 잉크를 사용해 라틴어로 작성되었다고
한다.

당시 로마제국은 영토를 넓게 확대해나가는 한편, 그
들의 지배에 복종하지 않는 브리튼 북부 민족으로부터

잉글랜드와 스코틀랜드 국경 지대에 위치한 빈돌란다

속주(属州)를 지키기 위해 장대한 장벽을 쌓아올렸다. 빈돌란다는 장벽의 남쪽 측면을 동서로 뻗어 달리는 길에 구축된 요새였으며, 제국의 최북단 영토이기도 했다.

1973년 3월의 일이었다. 약 2,000년 전의 문서판(tablets)이 연이어 발견되면서 '빈돌란다'라는 지명은 세계적으로 널리 알려지게 되었다. 최초로 발견된 문서판에는 "그대에게 샛추어에서 양말, 두 켤레의 샌들, 그리고 두 켤레 외출용 신발, 두 켤레의 샌들……을 보냈습니다"라고 적혀 있었다. 이것은 물자 공급을 요청하는 주둔 부대의 요구에 응한 편지였을 것이다. 이 지역에서 발굴

된 약 2,000년 전의 문서판 대부분이 군사적 성격을 띠고 있었다. 사람들은 우선 작전이나 실무적 연락을 취하기 위해 문서판을 사용했던 것으로 보인다.

로마군 병사의 일상

대영박물관을 찾을 때마다 전시 콘텐츠가 바뀌는 코너가 있다. 바로 고대 브리튼을 소개하는 코너이다. 이 코너에서는 켈트인이 브리튼에 거주했던 청동기시대부터 철기시대, 기원전 55년의 카이사르 침공으로 시작된 로마제국 시대, 5세기 이후의 앵글로색슨 시대, 1066년 노르만정복 이후의 시대 등 수많은 출토품이 전시되고 있다.

어느 날의 일이었다. 내가 그날 그곳을 찾았던 이유는, 전시 면적을 확대해 이제 막 재개장 오픈한 코너를 관람함으로써 켈트 시대의 브리튼과 로마 점령 시대의 브리튼에 대해 재인식하는 계기로 삼고 싶었기 때문이다. 4시간 정도를 들여 전시품을 꼼꼼히 살펴보았는데, 역시 기대에 어긋나지 않았다. 나의 관심을 가장 끌었던 것은

1973년 이래, 잉글랜드 북부 로마군 빈돌란다 진지에서 연이어 발견되었던 엄청난 숫자의 나뭇조각들이었다.

로마제국 최북단에 위치했던 이 전선은 현재 체스터홀름(Chesterholm)이라고 불리는데 하드리아누스 황제에 의해 성벽이 축조되기 약 20년 전, 즉 1세기 말부터 2세기 초반에 걸쳐 로마군이 주둔하고 있었다. 이후에도 마르쿠스 아우렐리우스 황제 치하에서 빈돌란다는 요새의 역할을 담당했고, 4세기 말까지 로마군이 이 땅에 주둔했다. 또한 400년경 원시 그리스도 교회로 추정되는 유적도 발견되었다. 상급 장교나 그 가족만이 아니라 일반 병사들이 쓴 서간이나 기록도 남아 있기 때문에 글을 읽을 수 있는 로마군 병사가 얼마나 많았는지를 미루어 짐작할 수 있다. 나뭇조각은 공기에 노출되면 부패되어 소멸해버리지만 이런 극한의 땅에서는 습도가 높고 공기에 노출되지 않는 환경에 놓여 있었기 때문에 보존될 수 있었을 것이다. 최신 기술의 도움을 받아 해독이 진행되었는데, 전시물들은 이 지방으로 이주한 로마군 병사의 '현실적인' 일상생활의 실상을 여실히 보여주었다.

목판, 리드펜, 잉크

고대 로마 시대에 뭔가를 작성하려면 이집트에서 들어
온 파피루스에 리드펜(reed pen)으로 쓰거나, 밀랍이 덮여
있는 판(밀랍 서판)에 첨필(Stylus)을 사용하는 것이 보통이
었다. 파피루스는 지중해를 경유해 머나먼 브리튼까지
실어와 사용하는 것이 도저히 경제적이라고 할 수 없었
고, 양피지는 공적 기록 등으로 용도가 한정되어 있었다

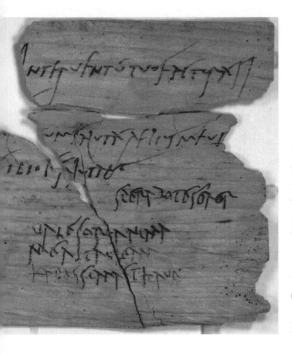

약 2,000년 전, 빈돌란다에서 작성된 목판. 클라우디아 세베라(Claudia Severa)로부터 여동생 레피디나(Lepidina)에게 보내진 편지. 대영박물관 소장. ⓒThe Trustees of the British Museum

고 한다. 따라서 당시에는 밀랍 서판이 귀한 대접을 받았을 것이다.

'밀랍 서판'이란 보리수 따위의 나무판 중앙 부분을 파내 나무틀을 만든 다음 뜨거운 밀랍을 부어 굳힌 후 표면을 평평하게 만든 것으로, 그 위에 첨필로 글자를 새긴다. 첨필은 뾰족한 끝 반대쪽이 납작한 형태를 지닌 것도 있어서, 새긴 글자를 지우거나 정정할 때 사용되었다. 빈

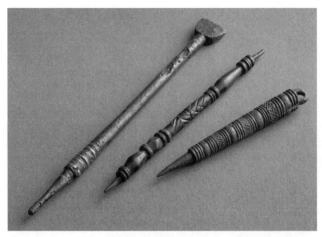

잉글랜드에서 출토된 로마인들의 첨필(stylus). 청동제에 은으로 상감 처리가 되어 있다. 오른쪽의 예에서는 목에 걸 수 있는 장치가 달려 있다.

돌란다에서는 밀랍 서판이 100개 정도 발견되었는데 개중에는 재활용된 것도 있었다고 한다. 쓰다가 바닥까지 닿게 되면 다시 뜨거운 밀랍을 부어넣으면 된다. 이런 식으로 밀랍 서판은 몇 번이고 재활용되었다. 뭔가를 만들려면 상당한 노고와 공을 들여야 했던 시대였으므로, 리사이클 정신은 자못 철저했을 것이다. 재질을 힌트 삼아 추정해보면, 밀랍 서판은 로마제국을 통해 제품 형식으로 들여온 물건으로 보인다.

　그런데 빈돌란다의 발견에서 주목된 것은 이런 밀랍

서판이 아니라 목판에 남겨진 문서였다. 내가 흥미를 가진 것도 이런 서간들이 목판에 리드펜과 잉크로 적혔다는 사실 때문이었다. 이것은 로마제국 안에서도 보기 드문 예라고 한다. 물론 런던에서는 2세기 무렵의 청동제 펜이 출토되었기 때문에 리드펜이 아니라 금속제 펜이었을지도 모른다.

빈돌란다에서는 이후 2,000점 이상의 목판들이 발굴되었다. 문서판의 두께는 1mm에서 3mm로, 밀랍 서판과는 형태도 다르며 나무껍질이 아니라 목판의 표면을 어떤 방식으로 깎아 평평하게 만든 것을 사용했다. 이는 현존하는 필사용 목판 중에서 가장 오래된 것이다. 재료로는 자작나무, 오리나무, 떡갈나무 등 해당 지역에서 구할 수 있는 목재가 사용되었다. '리프 태블릿(leaf-tablets)'이라고 불리는 빈돌란다 문서판의 사이즈는 엽서 크기 정도이다. 이것에 잉크로 글을 적은 후, 적힌 문자를 보호하기 위해 안쪽으로 구부려 접은 후 가죽 끈, 청동, 철선 링을 사용해 아코디언처럼 세로로 접어 연결시켰다. 접은 형태를 미루어볼 때 책자본의 원형 중 하나라고 할 수 있을지도 모른다. 잉크가 덜 마른 사이에 접었기 때문일 것이다. 반대쪽으로 본문의 일부가 번진 경우도 발견된다. 안쪽을 보호하기 위해 한 세트로 합쳐서 보존하는 밀랍 서판 방식에 가깝다. 잉크는 나뭇가지를 태워 얻은 탄소 분말에 아라비아고무와 물을 첨가해 조합한 것이다. 이는 중세의 필경사가 사용한 잉크 제조법과 별 차이가 없다.

『아이네이스(Aeneis)』로부터의 인용

문서판에 적힌 본문은 모두 라틴어였고 서체는 로마의 오래된 서체(old cursive)였다. 이는 주로 메모, 서간이나 초벌 연습용으로 사용되는 서체이다. 개중에는 두꺼운 세로선과 가느다란 가로선을 구사해 마치 캘리그러피(calligraphy)처럼 아름답게 표현한 예도 있다. 이는 펜 끝의 폭이 넓었다는 뜻이므로 리드펜이 사용되었을 것으로 추정할 수 있다. 석비에 남겨진 근사하고 반듯한 해서체 대문자나, 베르길리우스(기원전 70—기원전 19)의 영웅서사시 『아이네이스』를 4, 5세기에 양피지 필사본에 쓸 때 사용했던 러스틱체(Rustic) 대문자(다음 페이지 그림)와는 상이하다.

베르길리우스 작품집에서 러스틱체 대문자를 사용한 사례. 4세기. 스탠 나이트(Stan Knight)의 『서양 서체의 역사(西洋書体の歷史)』에서 발췌

그런데 빈돌란다 문서판 컬렉션 중 딱 하나, 고작 1행에 불과하지만 『아이네이스』로부터의 인용이 있었는데, 이 한 행을 베껴 적을 때는 약간 흘린 형태이긴 하지만 러스틱체 대문자가 사용되었다. 만약 필기 연습용으로 선택된 것이라면 외울 정도로 가장 유명한 시행을 썼을

거라고 여겨지는데, 여기서는 아홉 번째 노래의 473행이
선택되었다.

　　그사이에도 두려움에 전율하는 도시를 날아다니며,
　　날개 달린 '소문'이 숨 가쁜 소식을 어머니의 귓전에 전
하노라.

(오카 미치오[岡道男], 다카하시 히로유키[高橋宏幸] 번역, 교토다
이가쿠가쿠주쓰슛판카이[京都大学学術出版会], 2001, pp.421―422)

　빈돌란다에 『아이네이스』 필사본이 있었던 것일까? 함
께 발견된 다른 서간 단편들에서는 '책(libros)'이라는 단
어를 분명 찾아볼 수 있었다.
　서기 100년경, 로마제국 최북단의 땅에서 베르길리우
스의 서사시를 쓰거나 낭독했다니! 상상만 해봐도 더할
나위 없이 즐겁지 아니한가! 혼잡함 속에서 보냈던 4시
간이었지만, 대영박물관을 뒤로 한 나는 내면 깊숙이 밀
려오는 이루 말할 수 없는 충만감을 만끽하면서, 비가 내
리는 와중에 우산도 쓰지 않은 채 지하철 역사로 발길을
재촉했다.

필사본 이전

설형문자를 새겨넣은 밀랍 서판

아시리아에 관한 대영박물관 전람회 도록을 무심코 보고 있다가 뜻밖의 사실을 발견했다. 놀랍게도 설형문자를 새긴 밀랍 서판이 존재하는 게 아닌가! 밀랍 서판은 앞 장에서도 소개한 바 있는데, 그리스 초기부터 사용되고 있었다는 기록(Edward M. Thompson, *An Introduction to Greek and Latin Palaeography,* 1912)만 무작정 믿고 있었던 터라 놀라지 않을 수 없었다. 그런데 도록의 밀랍 서판 컬러사진에는 분명 다음과 같은 해설이 적혀 있었다.

밀랍을 먹인 문서판

기원전 720—710년경 님루드(Nimrud, 고대 아시리아의 수도 칼라흐[Kalakh]의 유적—역주)

북서 궁전 AB 실내 우물[출토] 상아[제] 각 세로 34.0 가로 16.0 두께 15[cm]

이것은 경첩으로 고정된 도합 16장의 접이식 문서판 중 2장이다. 밀랍을 먹이기 위해 앞뒤 양면에 자잘한 칼집을 낸 후, 밀랍을 먹인 위에 첨필을 사용해 설형문자를 새겼다. 다른 문서판 바깥 틀에 명문이 새겨져 있는데, 이를 근거로 이 문서판에는 일련의 천문학적 점괘

밀랍을 먹인 문서판. 기원전 720—710년경, 대영박물관 소장.
©The Trustees of the British Museum

문서인 '에누마 아누 엔릴(Enuma anu enlil)'의 일부가 기록되었다는 사실이 판명되었다. 이것은 원래 코르사바드(Khorsabad, 아시리아의 왕 사르곤 2세가 건설한 새로운 수도—역주)에 위치한 사르곤 2세의 왕궁에 수장되어 있었다.

(『대영박물관「아시리아 대문명전—예술과 제국」』도록, 1996, p.190)

이는 대영박물관에서 서아시아 고고학을 연구하는 크리스토퍼 워커(Christopher B. F. Walker)의 해설인데, 기원전 8세기에 제작된 것의 제작 연대를 10년 단위로 추정할 수 있다는 것은 실로 경이롭다. 나처럼 그보다 무려 2천 수백 년 이후의 영국 중세문학 전공자에게는 믿을 수 없는 일이다. 필사본에서 언급되는 역사적 사항(이를테면 왕위 계승이나 전쟁 등의 사건) 없이, 15세기 필사본의 제작 연대를 10년 단위로 확정짓기란 참으로 어려운 일이다.

아시리아의 역대 왕들은 스스로의 존재나 치적을 후세에 전하기 위해 갖가지 수단을 사용했던 모양이다. 예를 들어 림무라는 직책에 오르는 최고 관리나 왕의 이름은 매년 바뀌는데, 이 림무가 누구인지를 보여줌으로써 대략 어느 무렵의 일인지를 확실히 전할 수 있다. 무엇 때문인지는 모르겠으나 이 밀랍 서판은 사르곤 2세(재위, 기원전 722/721—기원전 705)의 만년(재위 마지막 5년간)의 것이 아니라고 판단되었기에, 대략 10년의 여유를 둔 연대가 되었을 것이다.

보다 오래된 시대로 거슬러 올라가면 간혹 일어나는 일식, 혹은 혹성의 움직임과 관련된 특수한 천문 정보를 통해 절대적 연도를 추정하는 방식이 취해진다. 연구가

진전되면서 기원전 3000—기원전 2000년에 걸친 사건들의 추정 연대가 변경되는 경우도 있는데, 기원전 1000년의 아시리아와 바빌로니아에 관해서는 거의 확정된 상태라고 한다.

끝을 뾰족하게 만든 갈대 줄기로 새긴 문자

설형문자의 기원에 대해서도 간단히 언급해두자. 설형문자는 인류 역사상 가장 오래된 문자 중 하나로 그 역사가 기원전 3100년 무렵까지 거슬러 올라간다. 시대에 따라 다양하긴 하지만 음절이나 단어를 표현하기 위해 수백 종류의 상이한 문자가 사용되었기 때문에, 서기(書記)가 이것들을 쓸 수 있게 될 때까지 오랜 세월이 필요했다고 한다. 한편 알파벳의 기원에 대해서는 여러 가지 설이 있는데, 기원전 19세기 이후 이집트에서부터 시나이, 가나안에 걸친 땅에서 생겨났다고 추정되며 이 계보가 차츰 설형문자를 대신하게 된다. 글자의 형태를 통해 판단하면, 이런 문자들은 이집트문자의 영향을 받고 있다. 예를 들어 가나안어의 문자 □는 '집'을 의미하는 이집트문

가옥 전매를 기록하기 위해 설형문자로 작성된 계약서(날짜 포함). 기원전 7세기, 점토, 대영박물관 소장. ©The Trustees of the British Museum

자에서 유래한 것으로 보인다. 그리고 가나안 사람들은 이 문자를 가나안 문자의 '집(bēt)의 어두 자음 b를 나타내는 표음문자로 사용했다. 이런 표음문자로 구성된 알파벳 문자의 수는 과거엔 30자 정도였는데 가나안 문자를 거쳐 페니키아문자에 이르자 22자가 되었다. 그리고 이런 페니키아문자를 기원전 10세기부터 기원전 9세기 무렵 그리스인이

차용했을 때, 그리스어 표기에 불필요한 몇몇 문자는 자음이 아니라 모음을 나타내는 문자로 채용되었다. 결국 자음만으로 표기되는 체계를 지녔던 페니키아문자를 토대로 고대 그리스인이 모음문자를 만들어냈고, 그로 인해 알파벳은 현재의 형태가 되었다.

널리 알려진 것처럼 고대 메소포타미아문명에서 글을 쓸 때 이용한 가장 오래된 도구는 점토판이었다. 축축한 점토 덩어리에 끝을 뾰족하게 만든 갈대 줄기로 쐐기 모양의 기호를 새겨넣은 후 건조시키면 굳어진다. 현재까지도 수많은 점토판 문서가 출토되고 있는데, 보존성이 탁월하긴 하지만 운반하기에는 지나치게 무거워 불편하기 짝이 없다. 다시 크리스토퍼 워커의 해설에 귀를 기울여보자.

점토판 문서는 공식적인 기록을 장기간 보존하기 위해 광범위하게 사용된 방법이지만, 운반하기에는 너무 무거웠기 때문에 행정 데이터를 대량으로 이송할 때는 불편한 측면이 있었다. 부조(relief)에는 서기가 밀랍을 먹인 문서판이나 양피지에 문자를 쓰는 장면이 묘사되어 있는데, 당시에는 이런 방법으로 행정상의 기록을 남겼을 가능성이 높다. 그러나 문서판은 극소수의 예가 발견될 뿐이며 양피지만 해도 현존하는 것이라고는 하나도 없다. 수많은 문학작품은 점토판에서 문서판으로 필사되었다가 후대에 이르러 다시금 문서판에서 점토판으로 필사되었다는 사실이 확인되었다.(같은 책, p.190)

기후가 더운 나라이다 보니 혹여 밀랍 서판이 목제였다면 유기물이 공기에 노출되어 쉽사리 산화되어버릴 상황이었지만, 11페이지의 밀랍 서판은 상아로 만들어졌기 때문에 간신히 남아 있을 수 있었던 것으로 보인다. 밀랍 서판 내부에 자잘한 칼집을 넣었던 것은 부어넣은 밀랍이 벗겨지지 않게 할 목적이었을지도 모른다. 지금까지 남아 있는 밀랍은 극소수에 불과하지만 그럼에도 불구하고 설형문자는 잘 새겨져 있었다.

필사 재료와 사용 언어

책의 역사에 관심이 있는 사람이라면 이 전람회와 도록의 가치에 경의를 표할 것이다. 크리스토퍼 워커의 해

앨러배스터(alabaster) 부조. 왼쪽은 상대적으로 앞에 있는 서기가 두루마리, 뒤에 새겨진 또 한 명의 서기가 태블릿, 오른쪽은 바로 앞에 있는 서기가 태블릿, 뒤에 새겨진 또 한 사람의 서기가 두루마리에 기록하고 있다. 대영박물관 소장. ⓒThe Trustees of the British Museum

설에는 "부조에는 서기가 밀랍을 먹인 문서판이나 양피지에 문자를 쓰는 장면이 묘사되고 있는데"라고 되어 있었다.

고대 아시리아의 수도였던 니네베 남서 궁전의 앨러배스터(alabaster, 설화석고라고 불리는 광물. 대부분은 백색이지만 순수한 것은 반투명)에 조각된 부조(기원전 630—기원전 620경)에는 아시리아의 두 서기가 전투에서 획득한 전리품들을 기록하고 있다. 오른쪽 부조에서는 상대적으로 좀 더 튀어나온 형태로 새겨진 앞쪽의 서기가 경첩으로 펼치

는 태블릿(아마도 밀랍을 먹인 문서) 판에 아카드어의 설형문자를, 안쪽에 위치한 서기가 파피루스나 양피지로 만들어진 두루마리에 아람어를 쓰고 있다(마이클 로프[Michael Roaf] 지음, 『고대 메소포타미아(古代のメソポタミア)』, 아사쿠라쇼텐[朝倉書店], 1994). 왼쪽 부조에서는 병사가 현재의 이라크 남부 습지에서 칼데아(Chaldea, 메소포타미아 남동부에 펼쳐진 습지 지역의 역사적 호칭―역주) 병사를 습격해 전리품을 몰수하고 시민을 포로로 연행하는 장면이 그려져 있으며, 서기 두 명이 전리품 등을 기록하고 있다. 전자와 매우 흡사한 장면이지만 여기서는 부조에서 상대적으로 튀어나온 형태로 새겨진 서기가 두루마리에 아람어로, 안쪽에 있는 서기가 태블릿을 사용해 아카드어로 기록하고 있다. 두 사람의 발 언저리에는 적병의 머리가 나뒹굴고 있기 때문에, 문자 그대로 머릿수로 몇 명을 죽였는지 확인할 수 있다.

아카드어는 함무라비법전에도 새겨져 있는 언어인데 기원전 3000년경부터 기원 무렵까지 사용되었다. 한편 아람어는 현재까지 3,000년의 역사를 지니고 있으며, 예수그리스도의 모어(母語) 또한 아람어의 갈릴리 방언으로 추정되고 있다.

하지만 어째서 두루마리에는 아람어를, 밀랍 서판에는 아카드어를 사용했던 것일까? 글을 베끼는 재료와 사용 언어에 어째서 일정한 패턴이 보이는 걸까? 현대의 연구에서는 아카드어에 설형문자가 사용되었다는 사실에 주목하고 있다. 밀랍이나 점토의 부드러운 표면에 첨필을 눌러서 새기는 설형문자를 사용했기 때문에 파피루스나 양피지 두루마리에는 쓸 수 없었다는 해석이다.

가장 오래된 서기

이 시대, 이 지방에서는 서기나 작가가 대부분 남자였는데 간혹 여성의 모습도 발견된다. 실제로 엔헤두안나(Enheduana, 기원전 2285경—기원전 2250경)라는 당당한 이름을 지닌 여성으로 아카드왕조의 창시자 사르곤 1세(재위, 기원전 2334경—기원전 2279)의 딸이기도 했던 유명인이 존재했다. 그녀야말로 신분이 확실한 가장 오래된 서기, 나아가 작가였다고 할 수 있다.

그리고 명계(冥界)의 여신을 모셨던 여성 사제(님 샤타 파다)는 라르사(Larsa)의 림신 왕(Rim Sin, 재위, 기원전 1822경—

기원전 1763경)에게 보내는 편지에서 자비를 구했다고 하는데, 그 우아한 기도는 훗날 이어지는 서기들의 교과서가 될 정도였다. 우르남무 왕(Ur Nammu, 재위, 기원전 2112경 ―기원전 2095경)의 아내는 전쟁 중 세상을 떠난 남편의 죽음을 탄식하는 노래를 읊기도 했고, 그 아들 슐기(Shulgi, 재위, 기원전 2094―기원전 2047경)의 왕비는 아들에게 자장가를 지어 불러주었던 것으로 추정된다. 모두 사회 지도자와 인연이 깊은 최상위 엘리트 여성들이었다.

이외에도 여성 서기의 존재는 고대 바빌로니아의 도시 시파르(Sippar)나 마리(Mari)에서도 확인되고 있는데, 간혹 부모를 계승해 서기가 된 딸도 있었다. 시파르의 여성 서기는 도시에서 사회적·경제적으로 중요한 역할을 담당한 조직에 속해 있었으며 사람들이 어떤 활동을 하는지를 기록했다. 한편 마리에서는 적어도 열 명의 여성 서기가 기록상으로 남아 있는데, 그중 아홉 명에게 할당된 식량이 너무 적었다. 이런 점을 고려해보면 그들이 비록 글자를 읽거나 쓸 수 있었다고는 해도, 지위가 낮고 천시를 당했던 할렘의 노예였을 가능성도 없지 않다. 서기로 훈련받은 여성 노예는 결혼 지참금의 일부로 왕녀들에게 제공되는 경우도 있었다. 마리에서도 여성 서기는 시파

여성 서기 엔헤두안나. 앨러배스터 봉납 원반. 기원전 2340—2200년경. 제사를 올리는 무녀로 묘사되고 있다(오른쪽에서 세 번째). 펜실베이니아대학 박물관 소장. ⓒBritish Museum/University Museum Expedition to Ur, Iraq, 1926

르와 마찬가지로 사회 내 다른 여성들의 언동을 기록하는 역할을 부여받았다.

여성 서기 가운데 학자가 존재했는지는 고대 바빌로니아 시대에 작성된 어휘표의 단편을 통해 판단할 수 있을 뿐이다. 예언자, 내과의사, 예술가와 함께 여성이 있었다는 사실도 알 수 있는데, 이런 직업에 종사하는 남자들로 인해 그 존재감은 희박했다.

〈서자판(書字板)과 첨필을 든 여성〉, 50—79년,
나폴리 국립고고학박물관 소장

　여기서 다시금 엔헤두안나라는 존재에 대해 주목해보
자. 하버드대학의 미술역사학자 윈터(I. J. Winter)는 공공
의 장에 있던 여성들을 다룬 논문 'Women in Public'에
서 신관 직에 오른 가장 저명한 여성인 엔헤두안나의 원
형 부조에 대해 다루고 있다. 이 여성은 사르곤 대왕이
다스리는 우르(Ur, 고대 메소포타미아 남부에 존재했던 고대 도시
—역주)에서 여성 사제로서의 지위를 확립하고 있었다.
현재까지 남아 있는 엔헤두안나의 문학작품이나 앨러배
스터로 된 원형 부조물 등을 통해 우리는 강력하고 창조적인 하나의 개성을 엿볼 수 있다. 달의 신에게 바치는 제사를 집행하는 엔헤두안나, 그녀를 묘사한 반투명의 원형 앨러배스터(직경 25.6cm, 두께 7.1cm)가 1927년 우르에서 발견되었고, 현재는 필라델피아의 펜실베이니아대학 박물관에 소장되어 있다.

　뒷면에 새겨진 문구에 의하면 엔헤두안나는 달의 신 난나(Nanna)의 아내이자 사르곤 대왕의 딸이라고 한다. 겉면에 나타난 부조를 살펴보면, 중앙에 새겨진 인물은 다른 사람들보다 키가 크고 형태도 명확하다. 왼쪽에 보이는 나체의 남성 '사제'는 4단의 층층대[階]로 된 신전 탑 앞 제단 위 식물에 술을 부으며 신에게 제사를 올리고 있다. 사제 오른쪽으로는 3명의 인물이 새겨져 있는데, 우선 머리에 관을 쓰고 화려한 장식이 달린 옷을 입은 엔헤두안나가 보인다. 보존 상태가 나빠 알아보는 데 어려움이 있지만, 그 뒤로 이어지는 것은 맨머리를 한 두 남자는 하인일 거라고 윈터는 추측했다. 엔헤두안나가 머리에 쓴 것은 여성 '사제', 특히 엔헤두안나에게만 보이는 독특한 관이라고 한다. 이 사례 이외에 동시대 다수의 시각적 증거를 통해 엔헤두안나가 사제를 중심으로 한 당시 사회에서 얼마나 강력한 힘을 지니고 있었는지를 미루어 짐작할 수 있다.

　엔혜두안나가 신을 칭송하며 바치는 찬송가는 수메르의 종교와 정치, 역사에 중요한 자료가 되고 있는데 안타깝게도 그 내용은 애매모호한 부분이 적지 않다. 그럼에도 불구하고 무라사키 시키부(紫式部, 일본 굴지의 고전 장편소설인 『겐지모노가타리(源氏物語)』를 쓴 여성—역주)가 활약한 서기 1000년 무렵으로부터 무려 3,000년이나 거슬러 올라간 옛날 옛적에, 세상 어딘가에서 이미 규수 작가가 존재했다는 사실에 깊이 탄복하지 않을 수 없다. 서기이자 작가로서 집필 중인 엔혜두안나의 자태를 묘사한 증거가 현존하지 않는다는 사실이 애석할 따름이다. 현재 시점에서 글을 쓰는 여성을 묘사한 가장 오래된 자료는 서기 79년의 베수비오산 화산 대분화에 의해 멸망한 폼페이 유적에서 출토된 벽화라고 할 수 있을까? 1760년에 발견된 벽화 〈서자판(書字板)과 첨필을 든 여성〉이 바로 그것이다.

Book의 어원을
탐색하다

서적이란? 책이란?

여태까지 예로 들어왔던 로마제국 시대의 나무로 된 문서판이나 아시리아의 밀랍 서판은 과연 책이라고 말할 수 있을까? 애당초 '책'이란 어떤 존재를 말하는 것일까? 이 말의 정의에 대해 살펴보고자 각종 어학사전이나 백과사전을 펼쳐보면 그 해석이 결코 동일하지 않다.

『일본대백과전서(日本大百科全書)』(1986)에서 '책(書物)'을 찾아보면 '서적(書籍)'을 찾아보라고 나와 있다. 그래서 '서적'을 살펴보면 "기록, 정보의 보존·전달, 지식의 보급을 목적으로 문자, 회화, 도안, 사진 등을 인쇄하거나 손으로 필사해 낱장의 종이들을 순차적으로 읽기 쉽게 순서대로 철하고 표지로 엮은 것. 책(本/書物), 도서(圖書), 전적(典籍), 서책(書冊), 서책(書策) 등은 동의어"라고 나와 있다. 내용과 형태를 바탕으로 정의하고 있는데 개인적인 어감으로는 '서적'과 '책'은 뉘앙스가 제법 다르다고 여겨진다. 그저 무기적인 물체로 여겨지는 서적에 반해, 책에는 정신적·문화적·역사적인 부가가치가 내재되어 있다는 인상을 준다. 예를 들어 15세기의 인쇄본(인큐내뷸라 [incunabula], 이 책 '들어가며'참조)을 감히 서적이라고 부를 수는 없다.

『고지엔(広辞苑)』제7판(2018)의 '책(書物)'에는 "문자나 도판 등을 적거나 인쇄해서 한 권의 책으로 철한 것. 책. 서적. 도서. 전적"이라고 되어 있는데 '서적'에는 간단히 "책, 도서, (여러 가지 불전의) 해석서"이라고만 나와 있다. 『고지엔』에 대항해 편찬되었을 『다이지겐(大辞泉)』제2판(2012)에서는 '서적'에는 "책. 도서, (여러 가지 불전의) 해석서"이고, '책'에는 '서적'이라고만 나와 있다. 한편 항간에서 종종 화제가 되곤 하는 『신명해 국어사전(新明解国語辞典)』제8판(2020)의 '서적'에서는 "〔개인의 지식의 원천이 되고 생활을 풍요롭게 하는 존재로서의〕책. 〔보통 사진·필름은 제외한다〕"이라는 식으로 한정조건이 붙는다. 이런 설명을 읽으면 도리어 의문이 생긴다. 작금의 전자책이나 CD-ROM은 과연 서적에 포함된다고 할 수 있을까? 아울러 제4판(1989)에는 "생활을 향상시켜주고 풍요롭게 하는"이라는 표현이 있는데 제5판(1997) 이후 "향상시켜주고"라는 표현이 사라졌다. 만약 이것이 일상적으로 찾아보는 서적의 효용이 적어졌기 때문이라면 막연하게나마 절로 납득이 된다. '책'에 대해 제4판·제6판은 "'책'의 의미의 한어(漢語)적 표현", 제8판은 박정하게도 "'책'을 의미하며 다소 격식차린 표현"이라고만 되어 있다.

한편 약간 오래된 출전이지만 『브리태니커 국제 대백과사전』(1973)의 '책'라는 커다란 항목의 도입부에서 하워드 W. 윙거(Howard W. Winger)는 다음과 같이 논하고 있다.

책의 형태와 내용, 제작 조건 등은 오랜 역사 안에서 현저히 변해왔기 때문에 책에 대한 정의를 내리기 위해서는 그 특성을 파악할 필요가 있다. 첫 번째, 책은 커뮤니케이션의 수단으로 세상에 나왔다. 바빌론의 점토판(클레이 태블릿), 고대 이집트의 파피루스 두루마리 책, 중세의 벨럼(vellum, 양피지와 비슷하지만 송아지 가죽으로 만든 것, 독피지[犢皮紙])으로 된 책자본, 오늘날 보편적으로 볼 수 있는 종이 인쇄 책자본, 현대의 마이크로필름 등 형태는 제각각 다양하지만 이 점에서는 동일하다. 두 번째, 책은 의미 전달을 위해 문자, 기타 시각 표상 체계(그림, 악보 등)를 사용하고 있다. 세 번째, 책은 반포를 목적으로 한 출판물이다.

한편 책에 대한 정의를 내려보자면, 책이란 글로 적혀지거나 인쇄되며 제법 긴 전달 내용을 가지고 있고, 널리 반포되는 것을 목적으로 하며 휴대가 용이하도록 가

볍고 내구성 있는 소재에 기록된 것이라고 할 수 있다.

하워드 W. 윙거가 이 정의 안에서 언급하고 있는 "반포되는 것을 목적으로 하며"라는 부분은 현대의 인쇄본에게만 해당하는 내용이며, 이 책에서도 다룰 예정인 고대·중세의 필사본 부류에는 해당되지 않는다.

지금까지 소개한 것과는 다소 이질적으로 책을 정의한 사람은 제프리 애셜 글레이스터 (Geoffrey Ashall Glaister)이다. 방대한 저술로 알려진 주 저서 *Encyclopedia of the Book* (1960, rev. ed. 1996)에 나온 '책'항목에서 그는 다음과 같이 언급하고 있다.

통계 작성을 위해 과거 영국 출판업계에서는 책이란 6펜스(1971년 이후에는 2.5펜스) 이상의 출판물이라고 규정했다. 다른 나라에서는 일정 정도 이상의 페이지로 구성된 것을 책이라고 정의하는데, 기준이 될 만한 페이지의 양적 수치에 대해서는 의견 일치를 보지 못했다. 1950년 유네스코 회의에서 책이란 "표지를 제외하고 49페이지 이상으로 구성된 정기간행물이 아닌 출판물"이라고 정의했다.

유네스코 정의에서는 48페이지 이하의 책자는 팸플릿이라고 부르며 책과 구분한다는 이야기이다. 다른 항목에서는 열변을 토했던 글레이스터가 여기서는 책을 수치로 정의한다며 마치 냉소를 짓는 것처럼 보인다. 책을 열렬히 애호하는 사람에게 책에 대한 정의 따위는 애당초 생각조차 해볼 수 없는 일이었는지, 존 카터와 그 개정자 니콜라스 바커(Nicolas Barker, 1932—)는 '책'이라는 항목 자체를 아예 거론하고 있지 않다(『서양 서지학 입문(西洋書誌学入門)』, 도쿄슛판샤[図書出版社], 1994).

어원

여기서 주목하고 싶은 것은 일본에서 책을 가리킬 때 '책' 외에도 여러 단어들이 있는 반면, 영국에서는 오로지 book이라는 단어 하나만 존재한다는 사실이다. 그리고 내가 참으로 신기하게 여기는 것은 책을 정의하면서 book의 어원에 대해 언급하고 있는 문헌은 어원사전을 제외하고 거의 찾아볼 수 없다는 점이다. 그래서 이제부터 book과 관련된 유럽 어원 단어들을 찾아내서 이른바 어원학적으로 '책'에 대해 고찰해보고자 한다.

우선 library(도서관, 장서)라는 영어 단어를 맨 처음 사용한 것은 14세기의 시인 초서(Geoffrey Chaucer)였다고 전해진다. 그는 프랑스어인 librairie를 영어식 철자법으로 썼을 뿐인데, 이 프랑스어 librairie는 현재는 '서점'만 의미하며 '도서관'으로는 bibliothèque가 사용되고 있다.

'서점'은 이탈리아어로 libreria, 스페인어로 librería, 포르투갈어로 livraria라는 단어가 있다. 일상적인 구어체에 사용되었으며 로망어군의 원류가 된 속(俗)라틴어에는 libraria라는 단어가 있었다고 여겨지는데, 로망어군의 librairie, libreria, librería, livraria는 여기서 파생된 것으로 추정된다. 당연히 libraria는 librarium(도서관)의 여성형으로 "책의, 책을 다룸"을 의미하는 형용사 librarius에서 왔다.

로망어군에서는 '서점'으로 사용되었던 librairie의 어간 liber가 어째서 영어에서는 '도서관'이라는 의미로 사용되게 되었을까? 이는 영어에 이미 '서점'에 해당되는 단어가 존재했기 때문이라고 추정된다. 영어 고유의 단어인 book과 seller를 조합하면 '책을 파는 사람'이라는

여행을 하면서 책을 판매하는 행상인. 17세
기 루브르미술관 소장

복합어가 만들어진다. 물론 이 경우는 장소를 고정한 '서
점'보다는 책을 팔면서 돌아다니는 행상인에 가까울지도
모른다. book-seller라는 단어가 처음으로 등장한 사례
는 1475년 무렵으로 추정되는데 그 의미는 서적판매업
자, 즉 책을 인쇄·출판해서 판매하는 업종을 뜻했다.

어쨌든 이 librairie의 어간 libr 혹은 liber는 '책'를 의
미했고 현대 프랑스어 livre로 남게 되었는데, 원래 의미
는 '나무껍질'이었다. 로마에서 오래전부터 전해 내려온

이야기에 의하면 옛날에는 수목(樹木)의 내피가 글을 쓰기 위한 재료로 사용되었다.

너도밤나무의 수수께끼

그렇다면 영어로 '책'을 의미하는 book(독일어라면 Buch)의 가장 오래된 형태는 무엇일까? 이는 게르만어군에 공통적으로 존재하는 단어 bōc으로, 너도밤나무를 의미한다. 코펜하겐 등의 고고학 박물관에는 태고의 자료로서 전시된 것이 있다. 뾰족하고 여기저기에 상처가 난, 나무 내피로 추정되는 자료이다. 특히 북유럽에서는 낙엽수 너도밤나무 내피에 문장을 남기곤 했기에 이런 단어가 생겨났다. 한랭한 진흙 습지였기 때문에 부패하지 않은 채 현재까지 남을 수 있었을 것이다. 참고로 현대 영어에서 '나무껍질'을 의미하는 단어는 bark인데 『옥스퍼드 영어사전』에는 18—19세기에 쌍떡잎식물의 내피를 의미하는 영어로 liber가 일시적으로나마 사용된 용례를 들고 있다. 그리고 여기에 매우 흥미로운 문제가 내포되어 있다.

'책'을 의미하는 bōc의 복수형은 bēc이다. 한편, 현대 영어에서 book의 복수형은 books인데, 실은 book의 복수형이 beek이라 해도 하등 이상하지 않았다. 신기해 할 사람이 있을지도 모르지만, 예컨대 영어 tooth, foot, goose의 복수형은 각각 teeth, feet, geese이기 때문에 그런 식으로 유추해보면 book의 복수형은 beek이 되는 것이 규칙(자음+oo+자음으로 구성된 명사의 복수형은 자음+ee+자음이 된다)에도 부합된다. 영어의 역사적 측면을 연구하는 학문 영역에서는 이런 복수를 변모음복수라고 칭한다. 11세기 문헌에서 bōc의 복수는 bēc이었기 때문에 그대로 현대까지 이어진다면 beek이 되어도 무방했을 텐데, 상당히 이른 단계에서 어미에 -s가 붙는 복수형인 books로 대체되었던 것이다.

흥미로운 사실은 bēc이 그대로 사용되었다면 c[k] > ch [tʃ]이 되는 자음 변화에 촉진되어 beech가 되었어도 무방했다는 점이다. 현대 영어에서 beech는 '너도밤나무'를 의미한다. 앞서 언급했던 것처럼 '책'의 가장 오래된 단어인 bōc이 너도밤나무를 의미한다는 점도 신경이 쓰인다. 왜냐 하면 중세에는 책을 제본할 때 두 장의 너도밤나무 목판이 사용되었기 때문이다. 오늘날 책을 제본할 때는 두꺼운 종이가 사용되는데, 16세기까지는 커다란 판형의 서적 제본에 너도밤나무 목판이 2장, 한 세트로 사용되었다. 구텐베르크 성서 등, 특히 독일에서 인쇄된 대형 폴리오판(folio)의 원장정(原裝幀)에 중후한 너도밤나무 판이 사용되었다는 사실은 도서관이나 수도원에 소장된 책 전시 등을 통해 익히 알고 계실지도 모르겠다.

이처럼 책과 너도밤나무, book과 beech의 관계는 쉽사리 간과할 수 없다. book의 복수형이 beech가 될 수도 있었을 가능성을 고려해보면, 그로 인해 '너도밤나무'의 의미가 생겨났을 가능성도 충분히 상정해볼 수 있기 때문이다. 보다 상세한 해설은 영어 어원학 전문가에게 맡기기로 하고, 책을 사랑하는 사람의 입장에서는 한없이 자유롭게 상상의 나래를 펼쳐 보이고 싶다. 참고로 숙소나 항공편 예약을 '부킹'이라고 부르는 것도 종이다발에 날짜나 이름을 메모해놓는 행위를 book이라고 부르던 것에서 유래한다.

성서를 의미하는 영어·프랑스어 Bible이나 독일어 Bibel은 그리스어 bíblos에서 유래한다. 비블로스는 레바논 수도 베이루트 근교에 있는 지중해 해안 도시명이기도 한데, 일찍이 이 땅은 이집트의 지배하에 있었고 이집

트에서 파피루스를 수입해 그리스로 조달했던 항구도시였다. 일설에 의하면 그리스인에게 직접 파피루스를 공급하던 장소의 이름이 바로 파피루스를 나타내게 되었다고 전해진다(호리구치 마쓰시로[堀口松城], 『레바논의 역사(レバノンの歷史)』, 아카시쇼텐[明石書店], 2005).

그리고 파피루스를 의미하는 그리스어 bíblos는 그 위에 문자를 적어넣었다는 의미에서 두루마리, 책이라는 의미를 차츰 획득해갔다. 지소사(diminutive, 주로 명사나 형용사에 붙어 '작다'는 의미를 부가하는 접사를 말함)를 동반해 복수형이 된 biblía가 tàbiblía tàhágia, 즉 the holy books, 『구약성서』, 『신약성서』로 그리스 교부들에게 사용되었다고 한다. 이리하여 성서를 의미하는 일반적인 단어가 탄생했다. 중성복수였던 biblía가 여성단수가 된 것은 '구약성서', '신약성서'를 하나의 책으로 간주했던 것에도 기인했다(데라사와 요시오[寺澤芳雄], 『영어어원사전(英語語源辞典)』, 겐큐샤[硏究社], 1997). 여기서 말하는 책은 현대를 살아가는 우리가 생각하는 책자본(冊子本)이 아니라 두루마리로 된 권자본(卷子本)을 말했다. 에릭 해블록(Eric Havelock)은 다음과 같이 말한다.

'비블로스'(biblos, byblos)라는 단어는 '파피루스'라는 재료, 혹은 필기용 파피루스로 만들어진 것이라고 번역할 수 있다. 일반적인 '책'(ﾎﾞ)이라는 번역은 오해를 불러일으킨다. 잘 알려진 것처럼 파피루스 낱장을 끝단에서 계속해 덧붙이면 두루마리처럼 말 수 있다. 이렇게 하나로 이어진 기다란 면으로 만들 수 있었는데, 보려는 내용이 적힌 곳을 찾기 위해서는 그것이 나오는 부분까지 두루마리를 펼쳐야만 했다. 'biblion'이라는 지소어는 책이나 두루마리를 뜻하는 것이 아니라 그저 한 장의 접힌 종이, 혹은 2장이나 3장을 겹쳐서 한 번 접은 것을 의미했다.

(*The Literate Revolution in Greece and Its Cultural Consequences*, 1982, p.332)

이쯤 되면 20세기에 수많은 오래된 필사본이 발견되면서 촉발된 논쟁에 대해서도 생각해보지 않을 수 없을 것이다. 두루마리로 된 권자본에서 책자본으로의 변천, 혹은 파피루스에서 양피지로의 변천을 둘러싼 여러 문제들에 대해 숙고해볼 필요가 있다.

책자본의
등장

정보 접근의 용이성

그게 언제였던가? 언젠가 한번 작정을 하고 오래간만에 연구실 대청소를 감행했던 적이 있었는데, 계산척(계산자)이나 수동식 영문 타이프라이터 따위와 함께 구석에 처박혀 있던 자기테이프 오픈릴(open reel)이 튀어나왔다. 청소를 도와주었던 대학원생이 이것을 보고 "TV에서밖에 본 적이 없어요!"라고 외치는 게 아닌가.

오픈릴이 달린 커다란 녹음기가 공립 초등학교에 보내졌을 때, 나는 고학년이었다. 위풍당당하게 교장실에서 떡하니 자리 잡고 있는 녹음기를 앞에 두고, 우리는 순서대로 마이크를 향해 학번과 이름을 녹음한다. 테이프를 돌리면 자기 목소리가 재생되는데 "이게 내 목소리일 리 없어!"라는 기묘한 감각을 맛보았던 게 기억난다. 난생 처음 들어본 자신의 목소리였다.

당시는 레코드도 SP에서 LP로 바뀌어가던 와중이었다. 교실에서도 레코드나 자기테이프 등 녹음 매체의 우열을 놓고 열띤 토론을 벌였던 적이 있다. 레코드에는 골이 있기 때문에 그곳에 바늘을 떨어뜨리면 듣고 싶은 곡을 바로 들을 수 있다. 한편 필요한 부분의 맨 앞을 찾을 수 있는 기능이 아직 없었던 당시의 자기테이프는, 되돌

리거나 다시 앞으로 가게 해야 해서 특정 곡을 재생하려면 귀찮기도 했고 시간도 너무 걸렸다. 대신 염화비닐로 만들어진 레코드판 표면은 상처가 나기 쉽다. 자기테이프는 반복해서 들어도 데미지가 적다……, 등등의 비교를 했던 것이 기억난다.

책의 역사에서는 동서양을 막론하고 그 형태가 어째서 두루마리에서 책자본으로 변화했는지에 관한 난제가 존재한다. 종래까지의 설명은 레코드와 테이프의 기능적 우열에 관한 내용과 흡사했다. 요컨대 그 안에 들어 있는 정보에 얼마나 접근이 용이한지가 결정적이라는 점이다.

두루마리 형태의 권자본은 둘둘 말아놓은 옷감과 비슷한 형태를 지닌다. 옛날에 할머니가 건강하셨을 때는 춘하추동으로 포목점에서 우리 집으로 찾아오곤 했다. 다다미 위로 해당 계절에 어울리는 옷감을 힘차게 펼친다. 펼친 옷감을 감쪽같이 다시 말아 원상 복귀시키는 것도 능수능란했기에 어린 마음에 그런 능숙함에 탄복하곤 했다.

물론 그림이 들어간 두루마리를 취급하는 일본의 고서점업자나 중세 국문학 두루마리를 다루는 연구자들도 이처럼 솜씨가 탁월하다. 옆에서 관찰해보면, 왼손으로 펼치는 동시에 오른손으로 능숙하게 되감으며, 항상 눈앞에 읽어야 할 곳이 오도록 능숙하게 다룬다. 앞쪽으로 내던지듯이 펼치는 포목을 다룰 때와는 차이가 있다. 하지만 옷감이든 두루마리 책이든 마치 살아 있는 생물처럼 주인의 의향에 따라 움직인다는 착각을 불러일으켰다. 외국 도서관의 동양서 담당자는 이 정도까지 따라오지 못하는 경우도 많다.

파피루스

두루마리 책의 단점은 필요한 부분의 맨 앞을 콕 집어 찾을 수 없던 시절의 녹음테이프나 마찬가지이다. "두루마리 안의 일부분만 보고 싶을 때도 굳이 첫 부분부터 펼쳐야 한다는 불편함이 있다. 하물며 끝부분을 조사하고 싶을 때는 그 불편함을 이루 말할 수 없다"라고 나가사와 기쿠야(長澤規矩也, 1902—1980)는 언급하고 있다(『서지학서설(書誌学序説)』, 요시카와코분칸[吉川弘文館], 1960). 동양서든 유럽 서적이든 책은 오랫동안 두루마리 형태의 권자본이 주류였다. 오랜 세월에 걸쳐 친숙한 형태였던 두루마리가 그 자리를 책자본에게 양보할 수밖에 없었던 것은 앞서 언급했던 결정적인 단점 때문이었을까?

기원전 2세기에 책의 형태는 roll, scroll 그리고 volume이라고 불렸던 두루마리(라틴어 동사, '말다[volvere]'에서 유래한다)를 가리켰고, 그 길이는 평균 4m 정도였다. 이집트에서는 길이 50m에 달하는 두루마리 책도 있었다고 한다. 본문은 원칙적으로 안쪽에 칼럼 형태로 왼쪽에서 오른쪽으로 향해 적혔다. 동양의 권자본 본문이 오른쪽에서 왼쪽으로 세로로 적힌 것과는 큰 차이를 보인다. 긴 면에 왼쪽에서 오른쪽으로 가로로 적고, 읽을 때는 상하로 움직이는 형식의 두루마리는 중세에 만들어진 계보 그림에 많았다.

두루마리 책을 만드는 재료는 나일강 삼각주에 자생하는 파피루스 풀(Cyperus papyrus)이었다. 섬유질 줄기를 얇게 잘라낸 조각들을 가로와 세로의 직각 방향으로 겹쳐서 누르면 끈적끈적한 진액과 나일강 삼각주에 가라앉아 있던 흙탕물이 적절히 섞여 그야말로 풀과 같은 역할을 해준다. 이런 과정을 거쳐 파피루스가 완성된다. 최상급 파피루스는 양피지나 종이와 마찬가지로 백색에 가까운 연한 노란색이었다. 두루마리 책을 만들기 위해서는

상: 미켈란젤로의 '델포이 무녀', 〈시스티나성당의 천장화〉(부분), 1508—1512년, 바티칸궁전
하: 라파엘로, 〈아테네 학당〉(부분), 1509—1510년, 바티칸궁전

파피루스 여러 장을 옆으로 길게 연결해서 붙였다.

파피루스 한 장의 크기는 제각각이었지만, 텍스트 칼럼의 높이는 보통 20—25cm, 하나의 칼럼의 행수는 25—45행이었다. 파피루스 두루마리에서는 형태상 한쪽 면에만 글자를 썼는데, 이런 관습은 필시 파피루스 표면 상태 때문에 생겨난 것으로 추정된다. 왜냐 하면 필경사는 항상 섬유가 수평 방향으로 향하는 면 쪽이 글을 쓰기에 좀 더 수월하다는 사실을 알고 있었기 때문이다.

이 사실은 고대 파피루스 두루마리 책에 적어 넣는 텍스트 양이, 양면 모두를 이용할 수 있는 양피지나 종이 책자본에 비해 극히 적었다는 사실을 말해주고 있다. 텍스트 양을 증가시키려면 두루마리가 길어지기 마련이니, 참조하려는 면을 찾는 데 참으로 곤란해진다. 따라서 이런 사태를 피하려면 다수의 두루마리가 필요했다. 기원전 3세기 알렉산드리아 도서관에 있던 칼리마코스(Kallimachos, 기원전 310/305경—기원전 240경)는 "거대한 책은 거대한 골칫거리다"라는 말을 남겼다. 해석에는 여러 설이 있는데, 여하튼 이후의 역사에서는 짧은 두루마리가 주류를 이루었다. 이후 호메로스의 서사시 『일리아스』, 『오디세이아』가 필사될 때는 무려 36권에 육박할 정도였다.

기존 연구에서는 두루마리 책의 소재인 파피루스는 고가의 물건이었음에도 불구하고 결코 질기지 않았기 때문에 손상되기 쉬웠다고 여겨졌다. 이에 반해 대영박물관의 T. C. 스키트(영어학자 월터 윌리엄 스키트[Walter William Skeat]의 손자)는 현존하는 파피루스 필사본에는 사용하지 않은 채 남아 있는 부분이나 여백이 많이 보인다는 점, 재사용이 가능한데도 그 흔적이 적다는 점, 가장 질이 좋

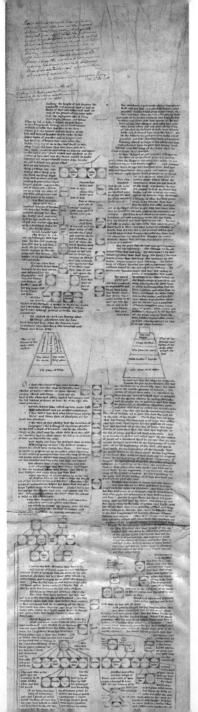

은 파피루스를 대량으로 운반했다는 일화가 남아 있다는 점 등을 통해 이 소재는 결코 고가의 것이 아니었다는 결론을 내렸다. 그런 사실을 전제로, 현존하는 과거의 파피루스는 몇백 년 혹은 몇천 년이나 경과되어 있기 때문에 손으로 만지면 순

『구약성서』 계보도. 15세기, 양피지, 예일대학교 바이네케 레어북 도서관(Beinecke Rare Book and Manuscript Library) 소장, 다카미야(高宮) 컬렉션

식간에 바스러져버릴 정도로 허술한 상태에 있지만, 만든 지 얼마 안 되는 파피루스는 그 옛날 수록지(手漉紙, 손으로 직접 떠서 만든 종이—역주)처럼 강인한 소재였다고 주장한다. 플리니우스는 200여 년 전 가문의 조상들이 직접 써서 남긴 편지를 보았다고 적었는데, 이와 비슷한 증언이 적지 않다. 실제로 양피지로 만들어진 두루마리를 보수하기 위해 파피루스로 배접(褙接)한 케이스도 있다. 파피루스가 양피지보다 약하다는 신화를 무너뜨리는 데 충분한 증거가 될 것이다.

펜과 잉크

파피루스 표면에 글자를 쓰기 위한 펜은 시대와 민족에 따라 제각각이었다. 고대 이집트인은 가느다란 인초(골풀) 끝을 각도에 맞춰 잘라내어 가느다란 붓 펜을 만들었다. 이것으로 히에로글리프(hieroglyph, 상형문자, 그림문자)나 식물 문양 등의 장식을 세밀하게 그려넣을 수 있었다. 한편 그리스인은 기원전 3세기 무렵 두꺼운 줄기를 가진 갈대 끝을 뾰족하게 해서 펜 끝을 만들고, 현대의 펜촉처럼 끝을 갈라지게 해서 사용했다. 로마인 역시 갈대 펜을 만들었는데, 이는 동방에서 지금도 여전히 사용되고 있다. 마땅한 갈대를 얻을 수 없는 지역에서는 끝을 갈라지게 만든 펜촉이 달린 금속제 펜을 사용했는데, 이는 로마 시대의 유적에서 발견되고 있다.

빈돌란다의 목판 문서의 예처럼, 가장 오래된 잉크는 램프의 그을음(검댕)에서 얻어진 탄소가루로 만들어졌는데, 고대 이집트인은 이것을 태곳적부터 사용했다. 이것에 아라비아고무를 섞어 끈기를 만들어낸다. 이집트인들은 이것을 딱딱한 형태로 만들었고, 사용할 때는 갈아 물에 섞었다고 하니, 우리가 사용하는 먹 같은 것이라고 추정할 수 있다. 이 잉크는 색이 바라는 일도 없고 거의 영구히 변하지 않는다. 이는 가장 오래된 파피루스가 증명해준 사실이다.

이후 금속 베이스의 잉크가 출현했다. 탄소 잉크가 잘 먹지 않는 기름진 양피지에 글을 쓰고자 금속 잉크가 개발되었다는 설이 있는데 확실한 증거는 아직 없다고 한다. 금속 잉크는 통상적으로 떡갈나무에 생긴 충영(곤충이 산란해 기생체가 자리 잡는 과정에서 식물체 일부가 이상 발육하면서 종양처럼 부풀어진 부위)에 녹반(유산철)을 넣어 만드는데,

시간이 경과되면 화학 변화를 일으켜 미량의 유황산화물이 서사 재료를 침식해버린다. 금속 잉크가 사용된 것으로 기원전 6세기의 도기가 발견되었고, 사해문서(기원전 3세기 말—서기 1세기)는 거의 탄소로 이루어진 잉크로 작성되었다는 사실을 알 수 있다. 또한 4세기 이후 작성된 거의 모든 그리스어 파피루스에서도 탄소 잉크가 사용되었는데, 그리스어 양피지 사본에서는 금속 잉크를 사용했다고 한다. 유명한 예로 성서의 '시나이 사본'과 '알렉산드리아 사본'이 있는데, 후자의 경우엔 잉크 침식에 의해 양피지가 심한 손상을 입고 있다.

양피지

양피지는 손으로 만져보거나 색이나 상태를 살펴봤을 때 앞뒤 면이 상이하다. 아주 꼼꼼히 처리했다고 해도 미세하게나마 모근 흔적이 남아 있는 헤어사이드(털 쪽)는 노란빛을 띠며 충분히 무두질한 다음에도 표면이 비교적 거칠다. 한편 살과 밀착되어 있던 부분은 프레시사이드(살 쪽)라고 불리는데 최상의 질일 경우 옅은 유백색을 띠며 표면도 매끄럽다. 중세 사본 중에서 한 페이지 전체에 커다란 채색화가 그려진 경우는 어김없이 프레시사이드가 사용되었다. 12세기에는 '베리 성서(Bury Bible, 케임브리지대학교 코퍼스 크리스티 칼리지 소장)'가 제작되었는데 도입부 채색화를 준비할 때 최고급 양피지가 스코틀랜드에서 조달되었다. 그리고 한쪽 면에만 쓸 경우도 프레시사이드가 사용되었다.

지금까지 양피지라고 총칭해온 동물가죽 서사(書寫) 재료는 파치먼트(Parchment), 내지는 벨럼(vellum, 독피지)이라고 칭해진다. 플리니우스에 의하면 파치먼트는 이집트 프톨레마이오스 왕이 도서관을 둘러싸고 신경전을 펼치며 파피루스 수출을 금지했기 때문에, 기원전 2세기 소아시아의 페르가몬왕국의 에우메네스 2세가 대체물로 개발을 독려했다고 한다. 물론 이것은 전설에 불과하며 그 이전부터 동물가죽이 서사 재료로 사용되고 있었다. 에우메네스 2세의 공적은 고급 양피지를 만들어낸 것으로 추정된다.

보통 파치먼트는 양이나 염소 가죽, 벨럼은 송아지 가죽을 무두질해서 만든다고 알려졌는데, 실은 전문가라 해도 정확히 식별해내기가 매우 어렵다고 한다. 그도 그럴 것이 외관이나 감촉만으로는 판단이 어렵고, 어떤 짐승의 가죽인지 결정지을 화학 분석에 필수적인 지방분 추출도 거의 불가능하기 때문이다. 실제로 벨럼이 좀 더 고급스럽다고 인식되기 때문에 유럽이나 미국에서 경매나 판매 목록을 작성할 때는 하나같이 벨럼이라고 써낸다. 한편 옥스퍼드의 보들리언 도서관 필사본 목록에는 모두 파치먼트로 통일된 상태이다. 작금의 영국 대학 고사본학(codicology) 수업에서는 양자의 구별이 불가능하기 때문에 짐승의 가죽(membrane)이라고 표기하도록 가르치고 있다.

그러나 학자들의 이런 '상식'이 송두리째 허물어지는 현장을 마주한 적이 있다. 잉글랜드 중부에 위치한 뉴포트 패그넬(Newport Pagnell)에서 4대에 걸쳐 양피지 공방을 경영하는 윌리엄 카울리(William Cowley)를 방문했을 때의 일이다. 원료가 다르면 완성품도 다르기 마련인데, 4대 카울리는 너무도 쉽사리 앞뒤까지 포함해 양자를 구별해낸다. 그곳에 함께 있던 프로 캘리그러퍼는 눈으로만 보는 단계에서는 파치먼트와 벨럼의 구별이 어렵지만, 막상 그 위에 뭔가를 써보면 펜이 어떻게 갈겨지는지에 따라 단박에 판별해낼 수 있다고 설명해주었다.

함부르크 성서에 그려진
양피지 제조 공정.
①양피 매매
②무두질한 양피지 재단
③자를 사용해 나선을 긋
  는 모습을 보여준다.
①에서는 배후에 목판과
반원형의 나이프가 보인
다. 1255년

카울리 공방에서는 중세
부터 이어져온 전통 방식에
따라 파치먼트를 만들고 있
다. 털을 뽑기 위해 소금을
골고루 뿌려 건조시킨 후 석
회수에 한동안 적셔둔다. 이
런 과정을 거치면 털을 쉽사
리 뽑을 수 있다. 직인들은
털을 뽑고 여분의 지방이나
힘줄이 제거된 양피를 나무
틀에 펼쳐 표면에 남은 지방
이나 힘줄을 반원형 날이 달
린 반월도로 제거한 후 건조
시킨다. 그런 다음 경석(속
돌)으로 갈아 마무리하고 탄
산칼슘을 발라 물걸레로 닦
아낸 후 다시 건조시켜 완성
시킨다. 그리고 캘리그러퍼
가 실제로 글을 쓸 때는 별
도로 가공해서 표면을 다시

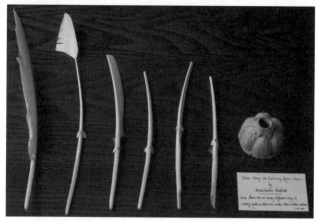

날개부터 단계적으로 거위깃털 펜이 만들어진다. 오른쪽은 중세의 잉크병

금 매끈하게 만든다. 한편 벨럼을 만들 때는 공정이 이와 약간 다르다.

양피지에 사용하는 잉크는 파피루스에 사용된 것과 동일하지만, 펜은 점차 거위깃털 펜 등 조류의 날개 축 끝을 뾰족하게 깎은 다음, 끝에 살짝 트임을 넣은 깃털 펜(거위깃털 펜, quill)이 유럽에서 사용되기 시작한다. 그러나 지역에 따라 리드펜(갈대 펜)도 사용되었다고 한다.

파피루스 책자본, 양피지 권자본

고대 이집트 파피루스 전성시대에도 기록 목적으로 가죽 두루마리 책(권자본)이 간혹 만들어졌다. 가장 오래된 예는 제6왕조 시대의 것인데, 대부분은 신왕조가 되고 나서였다. 페르시아에서는 기원전 5세기에 가죽이 사용되었으며, 이집트에서 파피루스가 수입되었음에도 불구하고 유독 양피지를 선호하는 경향이 있었다.

20세기 중엽, 사해 주변 동굴에서 엄청난 수량의 필사본 단편들이 발견되었다. 기원전 3세기 말부터 서기 1세기에 걸친 것들로, 원래 모두가 두루마리 책이었다고 추정되었다. 대부분은 양피지에 적혀진 것인데 파피루스도 발견되었다. 언어는 각종 서체로 작성된 헤브라이어 혹은 아람어였고 간혹 그리스어도 있었다. 이런 단편들에 사용된 양피지 제작에는, 소금으로 씻은 후 물에 푼 밀가루에 담가두었다가 가죽을 벗긴 다음 다시 잘 씻고 나서 섬유질을 부드럽게 만드는 방식이 채용되었다. 이 방법은 중세의 랍비 문헌(Rabbinic literature)에 보이는 양피지 제작 방식과 동일하다.

정성껏 제작된 양피지는 훗날의 종이처럼 빳빳하게 형태가 잘 유지되었기 때문에 접어도 꺾일 우려가 없었다.

따라서 몇 장을 겹쳐 중앙에서부터 접어 첩(帖)을 만들고 복수의 첩을 감쳐 책자본을 만들기에 적합했다. 그리고 양피지의 경우, 양면에 써도 뒤에 글씨가 비치는 일도 없었다. 그 결과 책의 역사에서 권자본(두루마리 책)으로부터 책자본으로의 형태적 변화는, 파피루스에서 양피지로 서사 재료가 변화함으로써 초래되었다는 사고방식이 오랫동안 지배적이었다.

그러나 실상을 보면 의외로 파피루스를 사용한 책자본도, 양피지로 된 권자본도 엄연히 존재한다. 앞서 나왔던 시어도어 크레시 스키트(Theodore Cressy Skeat)는 갓 만들어진 파피루스는 양피지처럼 강인해서 접어도 꺾이지 않는다는 사실, 또한 사해 주변에서 발견된 필사본 단편은 대부분 양피지 두루마리였다는 사실에 주목하며, 이를 바탕으로 권자본에서 책자본으로의 형태적 변화를 파피루스에서 양피지로 서사 재료의 변화했기 때문이라는 점에서 찾는 것은 무리라고 판단했다.

1954년 대영박물관의 콜린 핸더슨 로버츠(Colin Henderson Roberts)는 『영국학사원기요(英国学士院紀要)』에 「책자본」('The Codex')이라는 논문을 기고하고, 기존 설에 의문을 던진 후 동료 스키트와 공동 연구한 결과를 *The*

Birth of the Codex(1983)로 집대성해 출판했다. 두 사람은 선행 연구를 바탕으로 책의 소재, 형태, 거기에 담겨진 내용을 통계적으로 분석했다. 이 분석이 독특했던 까닭은 그리스 고전 작품이나 그리스도교 문헌(주로 성서)이 어떤 형태로 전해 내려왔는지, 그리고 그 이유는 무엇인지에 착안했다는 점에 있다. 이후 1985년 글렌 앤더슨(Glenn A. Anderson)은 로버츠 등의 연구 업적을 바탕으로 그리스도교가 대두되어가는 움직임과 연관시켜 책자본의 역할에 대해 고찰했다('The Emergence of the Book'). 여기서는 그것을 바탕으로 책자본의 탄생에 대해 고찰해보고 싶다.

책자본으로의 전환

그리스 고전 작품을 대상으로 로마 시대, 구체적으로는 1세기부터 5세기에 제작된 현존 책자본과 권자본(두루마리 책)의 비율을 살펴보면 다음과 같다. 즉 1세기에는 1% 미만이었던 책자본의 비율이 시대와 함께 차츰 상승해간다. 2세기에는 2%, 3세기에는 17%였던 것이 4세기에는 70%, 5세기에는 90%를 차지해 권자본과 책자본의 비율은 완전히 역전된다. 1세기부터 4세기까지의 비율을 보면, 권자본이 전체의 약 90%를 차지하고 있었음에도 불구하고 나온 수치이다.

그런데 동시대에 만들어진 그리스도교 관련 필사본은 그리스 고전 작품의 경우와 완전히 다른 패턴을 보여주었다. 1세기부터 4세기에 필사되어 현존하는 172종의 성서 관련 필사본(서사 재료는 파피루스와 양피지) 가운데 158종이 책자본이고 그 나머지인 고작 14권이 두루마리 책이었다. 책자본은 기원전 이른 단계부터 그리스도교 필사본 형태로 광범위하게 채용되고 있었던 것이다.

2세기에 만들어진 그리스 고전 작품의 필사본과 그리스도교 필사본에 대해, 책자본과 권자본의 비율을 조사해보면 현저한 경향을 찾아볼 수 있다. 전자는 97.9%가 권자본인데 반해, 후자에서는 100%가 책자본이었다.

이상의 사실을 표로 제시하면 다음 쪽과 같다.

여기서 논해지는 필사본 발견 지역은 이집트였다. 일찍부터 책자본이라는 형태의 출현과 그리스도교 전파가 병행해서 발생되었다는 사실은 지적되어왔는데, 책자본은 3세기에 증가하여 4세기에 지배적이 되었고, 마찬가

현존하는 그리스 고전 사본에서의 책자본의 비율

	권자본	책자본	책자본의 비율
1세기	353	3	1% 미만
2세기	1132	24	2%
3세기	607	126	17%
4세기	66	158	70%
5세기 초	14	122	90%

① 1세기부터 4세기까지만 비교했을 때

	그리스 고전 작품 필사본	그리스도교 필사본
권자본	91.1%	8.1%
책자본	8.9%	91.9%

② 2세기만 비교했을 때

	그리스 고전 작품 필사본	그리스도교 필사본
권자본	97.9%	0%
책자본	2.1%	100%

지로 그리스도교도 3세기에 급속히 보급되어 313년 공인되었다.

두루마리 형태에서 책자본으로 전환된 형태적 변화는 어느 쪽이 좀 더 사용하기에 편리한지에 대한 실용적·경제적 판단에만 기인한 것은 아닐 것이다. 책자본 필사본은 두루마리를 사용하던 유대교나 주변에 존재했던 이교와 대조적으로, 원시 그리스도교가 유대교에서 분파되어 성립했다는 사실을 보여주는 상징적인 형태로 기꺼이 선택된 것이다. 그리스도교의 가르침을 설파해 보급시키는 성서의 형태로 그리스도교 필경사를 이교도 서기와 구별하기 위해 책자본이 채택되었다고 볼 수 있다. 유대교 성전이 현재에도 여전히 양피지 두루마리 형태로 만들어지고 있다는 점을 주목해본다면, 기원후 얼마 되지 않아 그리스도교 관계자 가운데 성서나 그 관련서의 필사본을 책자본 형태로 변환시키고자 노력한 중요 인물이 있었을 거라는 추정이 가능해진다.

성 마르코의 수첩

한편 로버츠는 성서가 책자본으로 태어나는 시기가 서기 70년 무렵이라는 사실을 바탕으로, 그것이 '복음서가 성 마르코'에 의해 행해졌을 가능성을 시사하고 있다. 마르코가 로마에서 복음서를 썼을 당시, 그는 메모나 초고 작성을 위해 당시 로마에서 통상적으로 사용되던 양피지 공책을 사용했다. 그때까지 로마제국에서는 2장에서 10장 정도의 밀랍 문서판을 겹쳐 한쪽에 구멍을 뚫은 다음 간단히 철을 한 책자 형태를 사용했는데, 이 무렵에는 밀랍 서판 대신 표면을 충분히 무두질하지 않은 상태의 양피지를 겹쳐 공책 형태로 만들곤 했다.

성 마르코는 알렉산드리아 교회 관련자로 추정되며, 그가 쓴 복음서의 자필 사본이 이집트에 전해졌고 최초의 권위 있는 그리스도교 저작물이 되었다. 알렉산드리아의 그리스도교도들은 존경어린 마음으로 이것을 접했고 수많은 책자본 필사본이 만들어졌는데, 그때는 양피지가 아니라 이집트가 자부하는 파피루스가 사용되었다. 이리하여 알렉산드리아 관계자의 권위를 바탕으로 필사된 파피루스 책자본은 이집트 내외에서의 그리스도교 관련 저작물 보급으로 이어졌다고 추정되었다.

사실 이 가설은 훗날 로버츠 자신에 의해 수정되었다. 초기 그리스도교 문헌에 성 마르코의 복음서는 인용되지 않았고 1세기 알렉산드리아의 종교적 상황은 거의 알려지지 않았기 때문이다. 그러나 이 가설은 그리스도교 관련서가 파피루스 책자본 형태로 존재했다는 사실을 설명해주었고, 이후 유럽에서 양피지 책자본이 주류를 차지하게 되었던 사실과도 모순되지 않는다.

　책자본은 4세기에 상당히 보급되었기 때문에 5세기가 되자 권자본이 시장에서 점하는 비율은 10% 정도로 떨어진다. 그리고 6세기 말이 되면 그리스도교와 무관한 저작에서 권자본 형태는 아예 명맥이 끊겨버린다. 1세기부터 4세기, 로마제국이나 지중해 주변 지역에서는 그리스도교의 포교 활동이 이루어졌고, 313년 로마제국에서 그리스도교가 공인되었다. 양면에 쓸 수 있는 양피지 책자본이라면 두루마리 책의 약 2배의 본문을 수용할 수 있다. 심지어 수도사들이 신학 논쟁을 벌일 때 책자본 성서라면 필사본을 펼쳐 동일한 대목을 손가락으로 가리키고, 발견하고, 토론할 수 있었다.

중세식
지적 생산의
기술

페시아 시스템(pecia system)

　중세 유럽의 대학에서 진행된 수업의 모습, 특히 교사
와 학생의 관계를 전하는 그림은 상당수 현재까지 남아
있어서, 예컨대 필사본 안에서도 그것들을 찾아볼 수 있
다. 교사가 자신이 들고 있던 책을 읽어주면 학생이 받아
적었을 거라고 자칫 짐작하기 쉬운데, 의외로 학생들도
같은 종류의 책을 들고 있는 경우도 있다. 인쇄술 시대에
이르면 교과서로 구입한 동일 인쇄본을 학생들이 들고
있는 광경을 쉽사리 떠올릴 수 있는데, 그 이전의 필사본
시대에서도 비슷한 광경이 묘사되었다.

　예를 들어 14세기 중반 볼로냐대학에서의 수업 풍경을
세밀화를 바탕으로 재현하면, 가까이에 있는 필사본(교과
서)을 보면서 강의에 귀를 기울이고 있는 사람은 소수에
불과하다. 팔꿈치를 대고 옆 사람이 무엇을 하고 있는지
기웃거리는 사람, 옆에 앉은 사람과 정신없이 수다를 떨
고 있는 사람, 쏟아지는 졸음에 쓰러져 있는 사람, 강의
에 지각하는 바람에 가장 뒷자리에 앉으려는 사람도 있
다(87페이지 그림). 교과서가 없는 학생일수록, 그리고 뒤
에 앉은 사람일수록 강의에 귀를 기울이지 않는 것도 현
대의 교실 풍경과 별반 다르지 않다. 이 삽화는 헨리쿠스

볼로냐대학의 강의 풍경. 14세기 필사본에서 발췌

드 알레마니아가 아리스토텔레스의 윤리학에 주해를 달고 있는 장면을 볼로냐의 채색화가 라우렌티우스 데 볼톨리나가 그린 것이다.

그렇다면 학생들이 교과서로 사용하던 필사본은 어떻게 마련되었을까? 한꺼번에 대량으로 생산할 수 있는 묘수라도 있었던 것일까? 이 질문에 어쩌면 '예스'라고 말해도 좋을지 모른다.

13세기 옥스퍼드 중심에 있는 캣 스트리트(Catte Street)

등 대학가의, 양피지나 서사 재료를 파는 문구상(stationer) 가게에 가면 대학 당국이 낙점을 해준 교과서(exemplar) 가 놓여 있었다. 학생들은 제본이 되지 않은 작품을 한 첩(帖)씩 유료로 빌린 다음 베껴 적고, 완료되면 그다음 첩을 빌려가서 또 베껴 적는다. 만약 원본이 20첩으로 구성되어 있다면 문구상에 20번 오가면서 베껴 적으면 결국 학생은 한 권의 필사본을 확보할 수 있다. 학생은 그것을 들고 대학 강의에 참가하며 그 상황을 넘겼다. 중세적인 이런 지적 생산의 기술은 페시아 시스템(pecia system)이라고 칭해졌다. 이탈리아어로 읽으면 페치아, 라틴어라면 페키아라고 읽을 이 단어의 의미는 첩(분책, quire 혹은 gathering), 영어라면 piece가 된다. 이런 페시아 시스템은 교과서가 긴급히 필요해졌을 때도 공급이 가능한 절호의 방법이었다.

데스트레의 발견

중세 대학에서의 지적 생산기술을 현존 필사본을 통해 조사한 사람은 도미니크회파의 프랑스인 사제 장 데스트레(1887-1950)였다. 1937년 착수 예정이었던 대규모 연구 프로젝트 중간보고서 성격의 저서(*La «Pecia» dans les manuscrits Universitaires du XIIIᵉ et du XIVᵉ Siècle*, 1935)가 간행되었다. 당초 500부가 인쇄된 이 책은 1953년에도 증쇄되었을 정도로 높은 평가를 받았는데, 아쉽게도 그의 죽음에 의해 결국 최종판이 세상에 나오지는 못 했다.

데스트레는 제1차 세계대전 이후 도미니크회에 들어가 우선 뮌헨의 마틴 그라브만(Martin Grabmann)의 훈도를 받았다. 교황 레오 13세(재위 1873—1903)가 도미니크회에 기탁했던 『토머스 아퀴나스 저작집』의 편찬을 도울 것으로 기대되었는데, 앞서 언급했던 저서가 출판된 이듬해 연거푸 양친을 잃게 된 바람에 나이 어린 형제자매를 돌볼 수밖에 없는 상황에 내몰렸다. 어쩔 수 없이 수도회의 특별허가를 얻어 도미니크회를 나간 후 학교 교사의 신분으로 대규모 프로젝트 연구는 지속했다.

데스트레는 스콜라철학 필사본 여백에 규칙적으로 연속하는 로마숫자와, 경우에 따라서는 p 내지는 pecia라는 글자가, 예컨대 페시아 15번을 의미하는 'xv. p.'처럼, 일정한 간격으로 보인다는 사실을 알아차렸다. 그리고 이런 것들이 대학이 보관하고 있는 필사본 리스트와 호

응한다는 사실을 발견했다.

과연 무슨 일이 벌어졌던 것일까? 필경사는 글을 베끼기 시작했던 장소의 페시아 번호를 여백에 남겨두었던 것이다(예외적으로 볼로냐만은 필사가 끝난 장소의 페시아 번호를 기록했다). 1935년 단계에서 그가 조사한 대학 소장 필사본은 7,000권이 넘는데 그 가운데 대략 1,000점의 필사본에 페시아 마크가 적혀 있었다고 한다. 세상을 떠났던 1950년까지 더더욱 많은 필사본을 확인했을 터인데, 유감스럽게도 그가 조사한 필사본의 전모가 공표되지는 못한 상태이다.

중세의 수업 풍경

문구상에 의해 대출된 오리지널 번호가 삽입된 복수의 첩(분책)들은 상태가 너무 망가지면 문구상이 한 권의 필사본으로 제본해 염가로 파는 경우도 있었을 것이다. 이런 것들은 대체로 보존 상태가 엉망이어서 지문까지 남아 있는 처참한 필사본인 경우가 대부분이다. 예를 들어 파리의 프랑스 국립도서관 소장 라틴 필사본 310번은 57

토머스 아퀴나스 『신학대전(Summa Theologiae)』 필립스 필사본 30945번, 13세기경. 동그랗게 에워싼 부분에는 페시아로 여겨지는 번호가 적혀 있다. 그 왼쪽 아래에도 바깥 여백에 글자가 보이는데 이것은 텍스트를 정정한 것이다. 예일대학교 바이네케 레어북(희귀 책) 도서관(소장, 다카미야 컬렉션에서 발췌)

첩의 페시아로 구성된 토머스 아퀴나스의 『대이교도대전(Summa contra gentiles)』인데, 페시아 몇 개가 누락되었기 때문에 또 다른 필경사에 의해 보완되었다고 여겨진다. 이것은 매년 한 번 실시하는 정기적 점검 때 발견되었던 모양인데, 그 이외에도 여기저기 뜯어고친 흔적이 역력하다. 또 다른 필사본, 같은 도서관에 소장된 라틴어 필사본 15816번은 앞서 나온 57첩이 유통되는 동안 소실된 부분이라고 추정된다.

이상으로 간략하게 기술한 페시아 시스템 관련 주제는 전문가들 사이에서도 논쟁을 불러일으켜 온갖 학설들이 발표된 바 있다.

그 가운데 한사람인 그레이엄 폴라드(Graham Pollard)에 의하면 다음과 같다. "이 시스템이 실천되었던 적어도 11곳의 대학은 다음과 같다. 북이탈리아의 볼로냐, 파도바, 베르첼리(Vercelli), 페루자(Perugia), 트레비소(Treviso), 피렌체. 남이탈리아의 나폴리. 스페인의 살라망카(Salamanca). 프랑스의 파리와 툴루즈(Toulouse). 그리고 영국의 옥스퍼드. 신기하게도 살레르노(Salerno), 몽펠리에(Montpellier), 오를레앙, 앙제(Angers), 아비뇽, 케임브리지 혹은 독일이나 네덜란드의 대학에서는 페시아 시스템이 실천된 흔적이 없다. 실제 원본과 페시아 본이 확인되는 것은 볼로냐, 나폴리, 파리, 옥스퍼드뿐이며 나머지 일곱 대학에서는 현재까지 아무런 자료도 나오지 않았다"(그레이엄 폴라드[Graham Pollard], 'The *Pecia* System in the

Medieval Universities').

이번 장의 초입에서 거론했던, 라우렌티우스 데 볼톨리나가 묘사한 볼로냐의 대학 풍경으로 돌아가면, 여기서 묘사된 교과서는 모두 페시아 방식으로 필사되었을 것이다. 데스트레는 이것이 인쇄술이 잉태되는 시기까지 지속되었다고 추정했다. 한편 그레이엄 폴라드는 북유럽에서는 좀 더 빠른 14세기 중엽에 종언을 맞이했을 거라고 논하고 있다.

'양피지광(vellomaniac)'으로 알려진 19세기 영국의 필사본 수집가 토머스 필립스 경(Sir Thomas Phillipps, 1792—1872)은 상식적이라면 쓰레기통 행을 면치 못했을 조각들조차 꼼꼼히 수집했다. 그런 필립스 필사본 30945번은 토머스 아퀴나스 『신학대전』이 파리에서 필사된 사본의 단편이다(91페이지 그림). 그 여백에 'p xv'라는 페시아 마크가 남아 있다. 이것은 내가 한때 가지고 있었다가 현재는 다카미야 필사본 109번으로, 예일대학교 바이네케 레어북 도서관에 소장되어 있다.

음독,
낭독,
그리고
묵독

소리 내어 읽어서는 아니 된다

오늘날 우리가 책을 읽을 때는 대체로 문장을 눈으로 따라가며 이해할 것이다. 요컨대 시각을 통해 문장의 뜻을 헤아린다. 전철이나 버스를 타고 출퇴근하는 사람들 가운데 좌석에 앉는 행운을 만끽하는 사람은 문고본이나 신서를, 혹은 스마트폰이나 태블릿 따위를 손에 들고 읽는다. 전철 안은 흡사 콩나물시루 같건만, 손잡이에 매달린 채 책을 읽는 사람들조차 있다. 그러나 설마 목소리를 높여 음독하는 사람은 없을 것이다. 시각과 함께 청각까지 동원해 책을 읽는다는 것은 이런 환경에서는 터부라고 여겨지기 때문이다. 만약 이런 사회적 룰을 깨뜨리는 사람이라면 사람들의 냉소를 면치 못할 것이고, 아예 접근 자체를 꺼리는 것이 현명하다는 생각에 사람들은 최대한 그로부터 멀리 떨어질 것이다.

아침저녁으로 출퇴근 전철에서 전개되는 나날의 독서 습관을 집 안에서도 볼 수 있는 것은 지극히 당연한 일이다. 식탁이나 거실 소파에서 혹은 서재나 침대에서 이루어지는 독서도 묵독이 대부분이다. 자고로 현대 일본인이 소리 내어 책을 읽었던 것은 초등학교나 중학교 교실에서의 일이었고, 어른이 되면 그런 습관은 자연스럽게 사라져버리기 마련이다.

물론 가끔 특별한 이유로 책을 음독하기도 한다. 예컨대 침대 머리맡에서 아이에게 그림책을 읽어주기 위해 음독할 수 있다. 런던에 사는 친구이자 서지학자 니콜라스 바커는 다섯 명의 아들들에게 디킨즈의 장편소설을 차례차례 읽어주면서 30년 동안 전집을 몇 번이나 독파했다고 한다.

이 이야기를 대학교 수업에서 이야기해주었더니 학생들 중 한 명이 "우리 증조부님은 매일 아침에 일어나면 신문을 소리 내어 읽었다고 합니다"라는 코멘트를 해주었다. 일본에서 간행된 세계대전 이전의 신문은 그야말로 모든 글자에 음이 달려 있었다. 나쓰메 소세키(夏目漱石)가 《아사히신문(朝日新聞)》에 연재하던 신문소설도 똑같은 취급을 받았을 것이다. 독자는 내용을 보다 잘 이해하기 위해 시각과 청각을 동원했고, 간혹 자기 스스로를 위해서만이 아니라 글을 읽을 수 없는 가족들을 위해 소리 내어 읽거나 들려주기도 했을 것이다.

어느 날 긴자(銀座) 와코(和光)의 핫토리 레이지로(服部礼次郎, 1921—2013, 핫토리 가문이 이끌었던 일본 굴지의 고급 보석품 가게, '와코(和光)' 본관은 도쿄 긴자의 상징적 건물임—역주) 씨와 담소를 나누고 있는데, "옛날 고준샤(交詢社, 후쿠자와 유키치 [福沢諭吉] 등 당시의 게이오기주쿠[慶應義塾] 관계자가 중심이 되어 설립한 일본 최초의 사교 클럽)의 담화실에는 '신문을 소리 내어 읽어서는 아니 된다'는 게시판이 있었답니다"라고 일러주셨다.

신문기사나 책을 읽어주는 것에 대해서는 알베르토 망구엘(Alberto Manguel, 1948—)이 『독서의 역사—혹은 독자의 역사(読書の歴史—あるいは読者の歴史, A history of Reading)』(일본어 역 개정판, 가시와쇼보[柏書房], 2013)에서 쿠바의 담배 공장에서 행해진 낭독회 모습을 전해주고 있다. 담배 공장이라면 프로스페르 메리메(Prosper Mérimée) 원작, 조르주 비제(Georges Bizet) 작곡의 오페라 〈카르멘 (Carmen)〉의 무대 탓에 자칫 번잡하고 소란스러운 곳이었다고 여겨질지도 모른다. 그러나 쿠바의 담배 공장에서는 낭독회가 기획되어 성공을 거둔 바 있다. 이후 전쟁의 영향도 있어서 담배 공장에서의 낭독회는 사라지게 되었지만, 무대를 미국으로 옮겨 쿠바 노동자들의 낭독회 개최가 이어졌다고 한다.

당시 쿠바 노동자의 식자율은 고작 15%에 불과했다. 1865년 담배 생산에 종사하는 노동자를 위한 신문인《라

아우로라》 제1호가 발행되었지만 낮은 식자율이라는 벽에 부딪혀 모든 사람이 그 정보에 접할 수 없었다. 그래서 낭독자를 모셔와 낭독회를 열자, 시가(담배)를 마는 작업을 하면서 많은 사람들이 책을 가까이하게 되었다. 식자율이 낮은 커뮤니티에서 정보는 문자를 읽을 수 있는 인물에 의한 음독에 의거하는 비율이 높아지는데, 그 영향은 다른 공장에도 퍼져갔다. 낭독회가 지나치게 열기를 더해가자 1866년, 쿠바 정부는 낭독회를 금지하고 위반자를 처벌하는 정책을 펴기 시작했을 정도였다고 한다. 근무시간 이외에 낭독회가 비밀리에 지속되면서 지지를 받았던 것도 당연한 일이었다.

알베르토 망구엘은 낭독회 모습을 선명히 기억하던 화가와 인터뷰할 수 있었다. 마리오 산체스라는 화가는 다음과 같이 회상했다고 한다. "내 아버지는 1900년대 초부터 1920년대에 걸쳐 에두아르도 이달고 가토 시가(담배) 공장에서 낭독가로 지냈습니다. 아침에는 현지 신문 기사를 읽었습니다. 아버지는 아바나에서 매일 소형 배로 운반되어 오는 쿠바 신문에서 국제적인 기사를 그대로 낭독했습니다. 점심시간부터 3시까지는 소설을 낭독하는 시간이었습니다. 마치 배우라도 되는 양, 등장인물

의 목소리가 어땠을지 상상하며 흉내를 내보라는 요구를 받았습니다."(같은 책, 일본어 번역, p.132)

시가 담배를 만드는 일은 기계적이긴 하지만 신경을 집중시켜야 하는 작업이다. 그런 고된 작업을 할 때 낭독이 행해졌기 때문에 침묵이 유지될 수 있었다. 소설이나 고전 작품의 낭독을 반복해서 들었던 노동자 가운데는 기다란 한 소절을 그대로 외우는 사람들까지 나왔다고 한다.

아우구스티누스의 독서

한편 중세 수도원에서 필사본을 읽을 때는 소리를 내서 시각과 청각을 동시에 자극했던 모양이다. '모양이다'라는 것은 서방 그리스도교회 최대의 교부, 아우구스티누스(354—430)의 다음과 같이 서술 때문이다. 아우구스티누스는『고백록』안에서 독서가인 밀라노의 암브로시우스(Ambrosius, 333경—397)의 독서 자태를 접했을 때의 경이로움을 토로하고 있다.

책을 읽을 때, 그의 두 눈은 책장을 빠르게 쫓아가며 정신은 그 의미를 날카롭게 캐고 있었지만, 정작 혀는 멈춘 상태에서 결코 목소리를 내지 아니 한다. 누구든 그에게 자유롭게 접근할 수 있었고 손님이 왔음을 그에게 알려주는 이도 없었기에, 우리가 그를 방문했을 때는 종종 그가 이런 모습으로 묵독하는 광경을 목도하게 되었다. 그는 소리 내어 책을 읽는 일이 결코 없었다.

(같은 책, pp.56—57)

암브로시우스가 묵묵히 책을 향해 묵독하는 장면이 오늘날 우리에게는 전혀 신기할 것도 없지만, 아우구스티누스에게는 더할 나위 없이 비정상적으로 비춰졌던 모양이다. 필시 당시엔 묵묵히 페이지를 쫓는다는 독서법이 일반적인 것이 아니었고 보통은 음독을 했기 때문일 것이다.

그러나 같은 『고백록』 안에는 다음과 같은 내용도 적혀 있다.

나는 그 글을 손으로 집어 펼친 다음, 가장 먼저 눈에 띈 첫 부분을 묵독했다.

(같은 책, p.59)

이것은 아우구스티누스가 회심하는 중요한 장면 중 하나에 등장한다. 아우구스티누스가 스스로의 과오와 자신이 지은 죄에 분노하면서도 결국 마음을 다잡지 못하고 있었을 때, 그는 어디선가 "집어서 읽으라"라는 목소리를 듣는다. 그리고 친구인 알리피우스에게로 돌아와 사도 바울로가 쓴 「사도행전」을 들고 소리 내지 않고 읽었다. 아우구스티누스가 이때 읽었던 것은 「로마서」에 있는 "육신을 위해 양식을 준비하지 말고 그대의 주 예수 그리스도를 '갑옷처럼' 몸에 두르라"라는 표현이었고, 이 문장을 읽었을 때 아우구스티누스는 마음에 믿음의 빛이 충만해졌다고 하는데, 이에 대해서 알베르토 망구엘은 다음과 같이 언급하고 있다.

386년 8월, 밀라노에 있는 어느 정원에서 아우구스티누스와 친구 알리피우스는 성 바울로의 「사도행전」을 오늘날 우리가 읽는 것과 완전히 동일한 방법으로 읽었다. 아우구스티누스는 자기 자신의 수양을 위해 묵독으로, 알리피우스는 텍스트의 계시를 벗과 나누기 위해 커다란 목소리로 소리 내어 읽었다. 흥미로운 것은 암브로시우스가 가만히 소리 내지 않고 책을 묵독하는 이유를 아우구스티누스는 도저히 이해할 수 없었으면서, 정작 본인이 그야말로 묵독하고 있다는 사실에는 전혀 놀라지 않았다는 점이다.

(같은 책, p.59)

시각과 청각

음독에서 묵독으로 커뮤니케이션 문화가 변천했다는 사실은 커뮤니케이션론이나 미디어론 등 새로운 학문 영역에서 활발히 논의되는 테마이다. 연구자들은 필사본 문화에서 인쇄 문화로 이행했던 15세기 후반 이후의 유럽에서 기존까지의 음독이 묵독으로 대체되었다는 가설을 제창했다(H. J. Chaytor, *From Script to Print*, M. McLuhan, *The Gutenberg Galaxy*, W. J. Ong, *Orality and Literacy*).

종래에 이런 종류의 연구가 저조한 기미를 보였던 이유가 있다. 분명 고대의 교부나 중세의 필경사, 혹은 르네상스의 인문주의자들이 책을 읽거나 쓰는 장면은 엄청난 숫자의 시각적 이미지로 남아 있다. 그러나 애석하게도 그들이 책상 앞에 앉아 있는 모습을 담은 시각적 이미지를 본들, 목소리를 내면서 책을 읽고 있는지 혹은 묵독을 하고 있는지 도무지 판별할 수 없다. 현대의 만화에서 사용되는 말풍선 따위의 장치가 애당초 없었기 때문이다.

그러나 오늘날 우리가 미처 상상조차 하지 못했던 형태로 청각적 커뮤니케이션이 행해지고 있었던 일례를 'auditor'라는 영어 단어에서 발견할 수 있다. 이 단어는 현재 대학 청강생, 즉 강의에 출석하지만 시험을 보지는 않는, 따라서 학점을 따지는 않는 학생을 가리킨다. 그런데 14세기부터 사용되던 의미로는 라틴어 '듣다audīre'를 어원으로 하며, 조직이나 회사의 경리 보고가 바른지를 검사하는 감사 역할, 회계검사관에 해당되었다.

눈으로 숫자를 살펴보며 수지결산을 확인하는 사람을 auditor, 즉 '듣는 사람'이라고 하는 것은 언뜻 생각해볼 때 이해하기 어려운 일일지도 모른다. 그러나 이것은 14세기 이후 숫자를 읽어내는 경리 담당자의 보고를 회계검사관이 귀로 듣고 그 시비를 묻곤 했다는 사실을 여실히 보여주고 있다. 청각에 의지하던 회계검사가 점차 시각에 의존하게 된 것이 과연 언제부터였는지는 차치하더라도, 이 단어는 지금도 청각으로 판단하는 사람을 의미하고 있다.

이와 흡사한 예가 바로 은행 출납 창고 담당자 'teller'이다. 금전을 취급하는 사람이 '말하는 사람'을 의미한다는 것은 참으로 묘한 이야기이긴 한데, 이는 은행 측과 고객이 상호 납득할 수 있도록 주고받는 금전을 소리 내어 알려주면서 확인했기 때문이다. 1960년대 미국에 단기 유학을 갔던 나는 은행 창구에서 달러 수표를 환전할 때 비슷한 체험을 했다. 여기서도 시각만이 아니라 청각을 이용하고 있었다. 이런 식으로 설명하면 현대의 은행 현금자동인출기, 즉 ATM(Automatic Teller Machine)에 어째서 teller라는 단어가 사용되고 있는지 짐작할 수 있을 것이다. '계산하는 사람'이라는 의미에서 이 말이 처음 등장한 사례도 15세기인데, 17세기가 되면 회의 등에서 투표수를 읽어내는 담당자도 'teller'라고 불렀다. 이것도 투표수를 소리 내어 세었기 때문일 것이다.

영국의 대학에는 상급 강사와 교수 사이에 'reader'라고 불리는 직위가 있다. 현재에는 대체로 학부에 한 사람으로 정해져 강의를 하는 것만을 주된 임무로 하는 특권이 부여된 지위이다. 그리고 이 단어의 원래 뜻은 '많은 책을 읽는 사람'이 아니라 '교실에서 소리 내어 원고를 읽는 사람', 즉 강의자를 의미한다. 또한 케임브리지대학교 등에서는 조금 낮은 교원의 직위에 'lector'가 있는데 이런 단어들의 원래 뜻은 가톨릭교회에서 성서 낭독을 하는 사람, 즉 소리 내어 낭독을 하는 사람이었다. AV 기기나 파워포인트 따위가 아직은 없던 이전 시대까지, 보통 대학 강의라고 하면 선생님이 읽어주는 원고를 필사적으로 노트에 적는 것을 가리킬 경우가 많았다.

월터 잭슨 옹(Walter Jackson Ong, Jr.)은 "오늘날 우리에게는 기묘하게 느껴지지만 글로 작성된 자료는 귀로 듣는 것의 보조로 사용되었다"라고 한다. 현대에는 이 반대라고 해도 무방할 것이다. 나는 국내 어느 학회에서 구두 발표를 마친 젊은 연구자에게 연배의 연구자가 "수고하셨습니다. 이것이 활자화되기를 기대하고 있겠습니다"라고 말을 건넨 장면을 목도한 적이 있다. 당시에는 납득이 되었다. 현재는, 그리고 적어도 학회 상식으로는 소리 내어 발표한 것만으로는 충분치 않고, 발표 원고에 가필하고 수정한 다음 인쇄·출판해야 비로소 학문적 가치가 인정되기 마련이다. 그러나 나의 빈약한 경험에 의하면 구미 학회에서는 전혀 사정이 다르다. 구두 발표 단계에서 심대한 의미를 가지고 받아들여진다. 학문의 진보가 빠른 분야에서는 구두 발표 후 2, 3년 지나 출판에 이르면 이미 조류에서 벗어나 있는 경우조차 있다.

1980년 즈음까지만 해도 영국에 있는 호텔에 전화해 방을 예약하면 예약 확인 편지를 이쪽에서 쓰라는 요구를 받는 경우가 있었다. 이런 것도 청각보다 시각을 중시하는 현대의 커뮤니케이션이라고 말할 수 있을까? 호텔 측은 확인 여부를 놓고 옥신각신 트러블이 발생하지 않도록 조치해둔 장치라고 말할지도 모른다. 심지어 현대에는 인터넷 예약이 상식이 되었다. 음독과 묵독이라는 주제에서 다소 벗어났다고 여겨질지도 모르지만, 현대의 우리가 미처 생각조차 할 수 없는 현상이 과거에는 청각과 시각을 이용하는 문화적 맥락으로 전개되고 있었다.

사본실은 과연 묵독이었을까

움베르토 에코(Umberto Eco, 1932—2016)의 소설에 '겹쳐 써서'(영화의 부제 A Palimpsest of Umberto Eco's Novel에 있는 그대로) 제작된 영화 〈장미의 이름(The Name Of The

Rose)〉(1986)에는 수도원 식당에서 쥐 죽은 듯 조용히 식사하는 승려들에게 특별히 선택된 사람이 낭독을 해주는 장면이 나온다.

사본실에서 글을 베껴 써주는 필경사에게 묵독을 강요한 최초의 규칙은 9세기에 등장했다고 한다. 알베르토 망구엘에 의하면 다음과 같다.

그때까지 그들은 자신이 필사하는 텍스트를 소리 내어 읽으면서 글로 적는 형태로 작업에 임하고 있었다. 간혹 작가나 원본 필사본의 제작자, 즉 이른바 '출판인'에 해당되는 사람들이 직접 텍스트를 읽고 필경사가 이것을 글로 적기도 했다. 8세기의 어느 익명의 필경사는 자신이 필사한 텍스트의 마지막에 다음과 같은 글을 첨부했다. "필사에 얼마나 피나는 노력이 기울여졌는지, 그 누구도 알지 못하리라. 손가락 세 개로 적고 두 개의 눈으로 보며 하나의 입으로 문장을 말한다. 온 몸을 사용하는 것이다." "하나의 입으로 문장을 말하는" 것이 필경사의 일, 그들은 음독을 하면서 필사하고 있었다.

(전게서, p.65)

묵독이 수도원 사본실에서의 표준적 스타일이 되고 나서부터, 필경사끼리 의사소통을 할 때는 여러 가지 제스처가 사용되게 되었다. 예를 들어 「시편」의 사본이 필요할 때는 그 작가로 여겨지는 다윗 왕 흉내를 내며 양손을 머리 위에 놓고 왕관 형태를 만들어 보이는 시늉을 한다. 『미사 전례서』의 경우에는 십자성호를 긋는다. 그리스 로마의 고전을 필사할 때는 개처럼 옆구리를 긁는다……, 대충 이런 식이었다고 한다.

그런데 영국에서 온 수도사제 출신 캘리그러퍼, 이완 클레이턴(Ewan Clayton)의 작업을 지켜보았더니 양피지에 라틴어 『미사 전례서』를 필사할 때 선율을 읊조리면서 거위깃털 펜을 끄적거리는 게 아닌가? 그는 그런 편이 일정한 리듬을 탈 수 있기 때문에 이미 외워둔 라틴어 구절을 쓰기에는 안성맞춤이라고 설명했다. 이를 통해 15세기 후반에 이르러 엄청난 숫자의 필사본이 생산되었던 '시도서(時禱書)'에 대해 상상의 나래를 펴지 않을 수 없다. 파리나 브루게(Bruges)에 있는 전문 필사공방에서는 시도서 필사에 평생을 바친 필경사도 많았는데, 예를 들어 나폴리에서 활약한 필경사 조반니 마르코 시니코는 52시간에서 53시간 동안 일정한 길이의 필사본을 베꼈기 때문에 '빨리 쓰는 조반니'라고 스스로 의기양양했다. 여기부터는 상상의 영역으로 진입하는데, 현대의 캘리그러퍼의 예를 통해 본다면 그들은 텍스트를 거의 통째로 암기하고 있었기에 소리를 내면서 필사본 제작에 임하는 경우도 있었을 것이다.

추가로 여담이지만, 중세 유럽의 대학은 고위 성직자를 양성하는 수도원 같은 성격을 지니고 있었기 때문에 현대에도 식사시간에는 사담을 하지 않는 관습이 남아있을지도 모른다고 생각했다. 그런데 이게 무슨 일이람? 케임브리지대학교로 유학을 갔더니, 다이닝 테이블이 얼마나 시끄러운지 밥도 제대로 목에 넘길 수 없었다. 문득 생각난 추억이다.

단어 사이의 스페이스

구텐베르크의 활판인쇄술의 발명과 보급이 '갇혀진 텍스트'를 잉태시켰고 이에 따라 독자는 묵독을 하게 되었다는 설이 있는데, 이에 대해 다른 견해를 말하는 연구자도 등장했다.

미국 대학에서 중세 고서체학을 강의하는 폴 생어(Paul Saenger)는 학생들이 필사본과 초기 인쇄본의 채색 페이지를 거의 구별하지 못한다는 사실을 알아차리고, 그것을 계기로 이 학설에 의문을 품게 되었다고 한다. 나 역시 미국에서 케임브리지로 온 중세 학자가 초기 인쇄본의 채색 페이지를 보고 "아름다운 필사본이로군요"라고 말하기에 말문이 막혀버린 경험이 있다.

예를 들어 15세기 후반에 캘리그러퍼로도 활약한 인쇄업자 콜라르 맨션(Colard Mansion)은 직접 디자인한 바타르드(bâtarde) 글씨체의 활자를 사용해 마지막 작품으로 오비디우스의 『변신 이야기(변형담, Metamorphoses)』를 인쇄했고 수작업으로 채색도 곁들였다. 그러나 그 페이지만 보고 단박에 인쇄본임을 단언할 수 있는 사람은 그리 많지 않을 것이다. 앞서 언급했던 것처럼 실제로 초기 인쇄본의 제작자나 소유자는 인쇄본을 최대한 필사본의 외견과 비슷하게 만들고자, 혹은 만들게 하고자 노력했기 때문이다. 동시기에 런던에서 아름답게 채색된 구텐베르크 성서도 1812년 편찬된 캔터베리 대주교의 램버스궁 도서관 필사본 목록에서는 '필사본 15번'으로 잘못 등록되었을 정도였다. 이토록 채색 필사본과 흡사한 자태를 드러내고 있다는 사실은 이미 소개했던 대로다.

한편 폴 싱어는 유럽 사회에서 이루어진 '음독에서 묵독으로의 변화'는, 필사본에서의 텍스트 작성 방식, 그리고 필사본에서 띄어쓰기가 시작된 습관에서 그 이유를 발견해낼 수 있다고 생각했다(*Space Between Words: The Origins of Silent Reading*, 1997).

현재는 단어와 단어 사이가 스페이스로 나뉘어져 있는데, 그리스도교 보급 이후에도 한동안은 필사본에서 본문의 단어와 단어 사이에 아무런 스페이스를 두지 않았다. 띄어쓰기가 시작되는 것은 7세기에서 8세기 사이의 아일랜드 수도원 사본실에서였다. 때는 바야흐로 『켈스의 서(Book of Kells)』나 『더로우의 서(Book of Durrow)』 등 화려한 켈트풍 장식이 가득한 복음서 사본 제작으로 알려진 '아일랜드 미술의 황금시대'였다. 그때까지 독서는 시각과 청각 양쪽 모두를 구사하면서도 결국엔 음독에 의지했는데, 직업적 필경사가 띄어쓰기나 각종 구두점, 단락을 나타내는 붉은 표식 등을 필사본 제작에 도입했기 때문에 오로지 시각에만 의존하는 묵독이 가능해졌던 것이다. 필사본의 띄어쓰기는 10세기 후반이 되자 대륙에서도 채용하기에 이르렀다.

그런데 띄어쓰기가 보급되는 데 어째서 이토록 긴 시간이 필요했던 것일까? 이 의문에 대해 폴 생어는 다음과 같은 이유를 든다. 우선, 앞서 언급했던 아우구스티누스의 경우를 제외하고 고대의 독서는 음독되는 경우가 많았다는 점, 그리고 쉽사리 읽거나 빨리 읽는다는, 즉 현대에는 이점으로 여겨지는 측면에 고대에는 관심이 기울여지지 않았다는 사실, 요컨대 가치관이 근본적으로 달랐다는 점에 주목했다. 중세 유럽 사회에 서서

상: 힐라리우스 픽타비엔시스 (Hilarius Pictaviensis) 『삼위일체론(De Trinitate)』. 5—6세기, 이 무렵 단어 사이에는 스페이스가 사용되지 않았다., 스탠 나이트(Stan Knight) 『서양 서체의 역사(西洋書体の歴史)』에서 발췌
중: 『켈스의 서(Book of Kells)』(부분)
하: 단어 사이에 가운뎃점이 사용된 용례. 로마 비문. 194년, 『서양 서체의 역사(西洋書体の歴史)』에서 발췌

히 퍼져간 묵독 습관은 중세 후기에 활발해진 스콜라철학과 신앙 관련 독서에서 가장 잘 활용되었다.

이런 식으로 설명하면, 고대 로마제국의 거의 전역에 남겨진 석비의 라틴어 문장에서는 가운뎃점(·)을 사용해 띄어쓰기를 하지 않았느냐고 반론하실 분이 계실지도 모른다. 분명 그런 측면이 없지 않다. 해서체 대문자의 완벽한 아름다움으로 널리 알려진 트라야누스(Marcus Ulpius Nerva Trajanus Augustus) 황제의 전승기념비(113년, 트라야누스기념주)를 봐도 단어 사이에 가운뎃점이 사용되었다. 이는 필시 석비가 가진 성격상, 제법 멀리서도 문장을 읽기 쉽게 하려는 방안이었을 것이다.

『가정판 셰익스피어 전집』

문학작품의 경우 시는 게르만어파에서 발달한 두운시든 라틴어 계통의 압운시든, 음독을 위해 창작되었다. 운율이나 리듬이 아름다운 울림을 지니는 것이 중요했기 때문이다. 한때 구술 정형구 이론(Oral Formulaic Theory, '패리-로드 이론' 혹은 '구전공식구 이론'—역주)이라는 것이 유행

했는데, 대부분의 시 작품에는 정해진 상투구나 막연하
게나마 의미가 통할 수 있도록 사방에 여백을 채우는 내
용이 삽입되어 있었다. 쉽게 들을 수 있도록 도와주는 장
치였다. 당연히 이런 작품들은 인쇄본으로 바뀐 이후에
도 음독되었고 사람들이 모였을 때는 낭독되었다.

19세기 초엽, 낭만주의 시인 윌리엄 워즈워스(William
Wordsworth, 1770—1850)의 여동생 도로시 워즈워스
(Dorothy Wordsworth)는 저녁 식사를 마치고 난로 앞에서
제프리 초서의 '방앗간 주인의 이야기'(『캔터베리 이야기(The
Canterbury Tales)』)를 소리 내어 읽으며 느긋한 시간을 보
냈다고 일기에 적고 있다. 이야기 자체가 더할 나위 없이
난잡하고 비루한 내용이었음에도 불구하고 그것을 소리
내어 읽었다는 말이다.

마침 그 무렵 브리스틀(Bristol)의 의사 토머스 바우들
러(Thomas Bowdler, 1754—1825)는 식후의 단란한 시간에
한 집안의 가장이 어린 딸들 앞에서 셰익스피어의 희곡
을 읽어줄 때도 당황하거나 얼굴을 붉히지 않을 수 있도
록, 종교적으로 부적절한 구절이나 음란한 부분을 삭제
한 *The Family Shakespeare*, 즉 『가정판 셰익스피어 전
집』을 1818년에 출판했다. 양갓집 자녀들을 위해 구입된

이 판본은 "올바르지 않다고 여겨지는 부분을 정정한다"라는 의미를 담은 bowdlerize라는 악명 높은 영어를 잉태시켰는데, 빅토리아조 사회에서는 제법 인기를 끌어서 일곱 번에 걸쳐 거듭 펴내게 되었다.

『이상한 나라의 앨리스』의 저자 찰스 러트위지 도지슨(Charles Lutwidge Dodgson, 루이스 캐럴, 1832—1898)은 바우들러가 뜯어고친 수준에 만족하지 않고 사랑스러운 10대 여자아이들의 정조를 지키기 위해 셰익스피어를 더더욱 난도질했다고 한다. 텔레비전이나 비디오가 없었던 사회에서 문학작품의 낭독은 가족이 함께 하는 단란한 한때를 위해 없어서는 안 될 존재였다. 빅토리아 시대의 소설가 찰스 디킨스(Charles John Huffam Dickens, 1812—1870)조차 등장인물에 어울리는 목소리를 섞어가며 자신의 작품을 극장에서 낭독하는 것을 거의 생업으로 삼다시피 했을 정도다.

'publish'의 의미

영미에서는 모더니즘 시대가 되어도 '시가 낭독회'가

이어졌다. 윌리엄 버틀러 예이츠(William Butler Yeats, 1865 —1939), 위스턴 휴 오든(Wystan Hugh Auden, 1907—1973)이 나 스티븐 스펜더 경(Sir Stephen Spender, 1909—1995) 등의 시인이 자기 작품을 낭독한 녹음을 들으면 많은 여성들 이 필시 눈시울을 적셨을 것이다.

일본의 현대시 낭독은 과연 어떠했을까? 나는 니시와 키 준자부로(西脇順三郎, 1894—1982) 선생님의 강의를 들은 적이 있다. 에즈라 파운드(Ezra Weston Loomis Pound)의 조 언이나 도쿄대학교 쓰지 나오시로(辻直四郎)의 추천을 받 아 한때는 노벨문학상 후보에도 오른 적이 있는 초현실 주의 시인이다. 어느 날 선생님의 시를 어디서 끊어 읽어 야할지 여쭈어보았더니, 본인 스스로도 확신이 가지 않 았던 모양이다. 요컨대 자기 작품을 낭독할 기회가 거의 없었다는 말일 것이다. 지금도 상황은 비슷할 텐데, 언제 였는지 기억은 나지 않지만 현대 시인이자 아서왕 전설 의 연구자, 아니 어쩌면 미야자와 겐지(宮澤賢治) 연구의 권위자라고 하면 금방 떠오를 아마자와 다이지로(天澤退 二郎, 1936—2023) 씨로부터 자신이 창작한 시의 낭독회 초 대장을 받았다. 얼마나 기뻤는지 모른다. 현대에도 낭독 회가 열린다니!

고대나 중세 유럽 사회에서는 시인이나 작가의 신작 낭독은 '출판'이라는 개념과 결부되었다. 출판에 해당되는 영어 동사는 'publish'인데, 이것은 원래 의견이나 책을 공적(public)으로 한다는 의미이기 때문에, 인쇄술을 활용해 동일 작품을 한꺼번에 많은 부수로 출판하기 이전부터 존재했다. 작가가 자기 작품을 낭독하고 그곳에 있는 후원자(patron)로부터 필사 허락을 받는 것이 바로 근대 이전의 출판 형태일 것이다. 예를 들어 12세기 잉글랜드의 왕 헨리 2세를 모셨던 역사가 기랄두스 캄브렌시스(Giraldus Cambrensis, 웨일스의 제럴드[Gerald of Wales])는 존 왕자를 수행한 체험을 바탕으로 1188년 『아일랜드 정복사(Expugnatio Hibernica)』, 세이도샤[青土社], 1996)를 완성했다. 이윽고 그는 대학 제도의 맹아가 싹트기 시작한 옥스퍼드에서 3일간에 걸쳐 라틴어 원고를 계속 읽었다. 현존하는 필사본에는 「본문을 낭송하기 전에」라는 서문과 「헨리 2세 각하에게 바치는 인사」라는 제2의 서문이 달려 있다. 현대인의 눈으로 보면 이 책은 유럽의 경이문학 중 하나로 여겨질 뿐일지도 모른다. 그러나 기랄두스의 출세욕과 함께, 낭독에 의한 책의 출판이라는 중세적 시스템을 명확히 해주는 존재로 평가할 수 있을 것이다.

필경사의
작업장

필경사 장 미엘로(Jean Miélot)

활판인쇄술이 보급되는 15세기 후반까지 유럽의 서적 생산은 일일이 수작업을 통해 진행되고 있었다. 필경사가 날이면 날마다 자신에게 부여된 작품을 꼼꼼히 필사했기 때문이다. 필사본에는 그리스도의 언행을 기록한 4명의 복음서기자, 히에로니무스로 대표되는 교부들, 작가나 시인들이 묘사되었는데, 드물게 필사를 생업으로 하는 필경사도 등장한다.

브뤼셀에 있는 벨기에 왕립도서관 소장의 중세 필사본 9092번('주기도문 해설')의 첫 장에 편집자 겸 필경사였던 장 미엘로를 브루게의 필사본 채색화가 장 르 타베르니에(Jean le Tavernier)가 묘사한 유명한 삽화가 있다. 1450년 무렵의 작품으로 여겨진다. 이 그림에서 묘사되고 있는 것은 부르고뉴 공작(Duke of Burgundy)에게 책을 바치는 미엘로의 모습이다.

그리고 같은 도서관에 소장 중인 중세 필사본 9278—80번에서는 필사본 작업에 몰입해 있는 미엘로의 모습을 확인할 수 있다. 그다지 넓지 않은 실내에 있는 것이라곤 왼쪽의 반쯤 열려진 커튼 사이로 엿보이는 침대와 중앙의 작업용 책상, 오른쪽의 난로뿐이다. 이는 현대를

부르고뉴 공작에게 책을 바치는 장 미엘로. 15세기, 벨
기에 왕립도서관 소장

살아가는 가난한 유학생이 영국 하숙집에서 제공받았던 3점 세트와 별반 차이가 없다. 침대와 책상과 난방, 이렇게 최소한의 조합으로 구성된 유학생 하숙집이나 마찬가지라는 말씀이다. 자고로 지적인 작업에 힘쓰는 곳이란 고금을 막론하고 동일하다는 사실! 무척이나 흥미롭다. 양쪽으로 열리는 자그마한 창문 뒤편 격자유리 창을 통해 눈곱만큼의 빛이 간신히 들어오고 있으려나? 장소가 하필 브루게라는 북유럽 도시였다니 더더욱 그러하다. 실내에는 램프나 양초 등 인공적인 빛을 사용한 흔적이라고는 도무지 발견되지 않는다. 필연적으로 작업은 밝은 낮 동안에만 할 수 있었을 것이다. 참고로 중세에 양초는 상당히 고가의 물건이었다. 바닥에는 무늬인지 모노그램(이니셜의 조합)인지가 들어간 타일이 깔려 있다. 미엘로의 발아래로는 매트가 깔려져 있는데, 융단 따위는 보이지 않는다. 결코 따뜻할 것 같지 않은 실내 분위기를 더욱 더 썰렁하게 만드는 것은, 땔감이 거의 다 타버린 난로이다. 요컨대 이 세밀화는 필경사가 경제적으로 궁핍해진 상태에 있음을 묘사하고 있다. 이를 증명하는 것은 필경사의 허리춤에 보이는 멋진 염낭이다. 염낭의 입구는 활짝 열려져 있건만, 안에는 땡전 한 푼 들어 있지

필사본 작업에 여념이 없는 미엘로. 15세기, 벨기에 왕립도서관
소장

않은 것이 일목요연하다.

실제로 미엘로는 가난에 찌든 생활을 할 수밖에 없었
을까? 아니, 결코 그렇다고는 말하기 어렵다. 필사본 제
작을 의뢰하는 유산계급의 주머니 사정을 훤히 들여다보
며, 삽입된 세밀화를 빌려 이런 식으로 읍소하는 것이 중
세 필경사나 채색화가의 상투적 수단이었기 때문이다.
필경사만이 아니다. 문학적 후원자 휘하에 있던 작가도
똑같은 짓을 하고 있었다. 예를 들어 14세기의 시인 제프리 초서에게는 〈빈 지갑에 대한 원망의 노래〉라는 제목의 짧은 시가 있다. 뒤돌아봐주지 않는 박정하고 고귀한 여성을 향해 사랑을 절절히 애원하는 전통적인 '원망의 노래' 형식을 빌려 초서는 "다른 그 누구도 아닌, 나의 지갑이여, 그대를 원망하노라, 그대는 사랑스러운 귀부인, 그대가 한없이 경박해졌기에 더할 나위 없이 애석하노라, 나의 심정도 무겁게 가라앉을 뿐……"이라며 스스로의 빈곤함을 탄식했다. 패러디임에 분명하지만 생활고가 고스란히 배어나온 작품이라고 말할 수 있을 것이다. 그리고 대작 『캔터베리 이야기』의 다수의 현존 필사본 안에서도, 데번셔 공작이 소장했던 필사본(예일대학교 바이네케 레어북 도서관 소장) 도입부의 장식 문자에는 시인인지 필경사인지가 허리춤에 찬 염낭을 손가락으로 가리키는 모습이 묘사되고 있다. 이런 것들 역시 예술 후원자를 향해 필사 작업의 사례비를 올려달라고 넌지시 호소하고 있다고 해석할 수도 있다.

책상, 독서대, 양피지

필경사 장 미엘로의 작업 과정에 주목해보자. 상하 2단으로 된 불안정한 책상의 다리 부분을 필경사가 자신의 왼쪽 발로 단단히 눌러 책상이 움직이지 않도록 안간힘을 쓰고 있는 것처럼 보인다. 중세 필사본에 보이는 책상에는 반드시 어느 정도 각도가 있다. 현대적으로 말하면 제도용 책상일 것이다. 중세의 거위깃털 펜이든 제도용 룰링펜(Ruling Pen)이든, 경사면 책상이 아니면 잉크를 제대로 놓을 수 없다. 아니면 잉크가 뚝뚝 떨어져 자칫 양피지나 제도용 종이가 더럽혀질 수 있다. 실제로 20세기 초엽, 현대 캘리그러피의 원조라고 할 수 있는 에드워드 존스턴(Edward Johnston, 1872―1944)은 숙련자들에게는 책상의 평면보다 60도 각도를 지닌 경사면 책상이 가장 글씨 쓰기가 쉽다고 말했다. 단, 이 세밀화에 나오는 책상 각도는 그 정도가 아니다.

상단 독서대에는 책자본 형태의 필사본이 펼쳐져 있다. 위에서 끈으로 매달린 누름돌이 펼치기 힘든 양피지를 평평하게 해주는 데 효과적이다. 대영도서관, 옥스퍼드의 보들리 도서관, 뉴욕에 있는 피어폰트 모건 도서관 모두 사본실에서는 반드시 중세 필사본이나 귀중본을 이

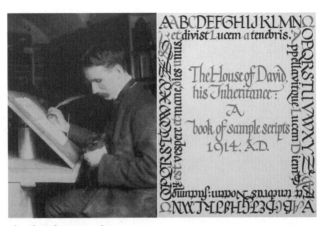

좌: 에드워드 존스턴(1902)
우: 존스턴의 캘리그러피
Peter Holiday, *Edward Johnston: Master Calligrapher* 에서
발췌

렇게 경사진 독서대에 올려놓고 열람해야 한다. 책등 부분의 파손을 방지하기 위해서로 추정된다.

필사본을 펼친 상태로 유지하기 위해서는 독서대 부분에 구멍을 뚫어 막대기를 꽂아 고정시키거나, 적당한 돌로 누르거나, 앞서 나왔던 세밀화에 나온 것처럼 누름돌을 이용하는 방법이 있다. 작금에는 우레탄 폼으로 제작한 말랑말랑한 독서대에 무거운 책을 올려놓은 다음, 스네이크라고 불리는 체인으로 펼쳐진 페이지를 누르는 방식도 있다. 참고로 피어폰트 모건 도서관 사본실 열람 테이블에는 "당신이 만지고 있는 것은 인류의 유산입니다. 운운"이라는 주의 사항이 적혀 있다. 뿐만 아니다. 아무쪼록 듣고 놀라지 마시길! 채색 필사본을 조사할 때는 다음과 같은 주의 사항이 적혀 있다. "필사본 위로 상체를 내밀지 마시오. 피치 못하게 상체를 내밀어야 할 때는 숨을 멈추시오."

한편 글을 쓰는 하단 책상에는 미제본 상태의 양피지가 놓여 있다. 위에 있는 필사본을 보면서 하단 책상에서 베껴 적는 것이다. 작은 누름돌이 위에 매달려 있어서 베낄 부분이 보이지 않거나 오염되지 않도록 양피지를 누르고 있다.

글을 쓰는 하단 책상 왼쪽 위로는 4개의 자그마한 구멍이 뚫려 있고 그 하나에는 거위깃털 펜이 꽂혀 있다. 그리고 그 아래에는 세로로 3개의 커다란 구멍이 뚫려 있는데 가장 아래 구멍에는 잉크 그릇(inkhorn)이 삽입되어 있다. 잉크 그릇에는 보통 수사슴이나 수소의 뿔이 사용되었다. 안이 텅 비었고 끝은 뾰족하기 때문에 독서대 구멍에 집어넣을 잉크 그릇으로 최고였다고 한다. 참고로 거의 문어체 문장에서만 사용되는 난해하고 현학적인 영어 표현을 16세기 영국인이 inkhorn-terms라고 불렀던 것도 바로 이 잉크 그릇에서 유래한다. 아울러 현대의 흡묵지 대신 중세에는 모래가 사용되었기 때문에 책상에 따라서는 모래상자가 놓이는 경우도 있었다.

작업용 책상 옆에는 작은 책상이 있고, 거기에도 펼쳐진 사본이 놓여 있다. 미엘로는 독서대에 있는 필사본을 모범으로 하면서도 필요할 때는 옆에 둔 다른 필사본 본문도 수시로 참고하면서 필사 작업을 이어갔을지도 모른다.

펜과 펜나이프

필경사가 오른손에 들고 있는 것은 필사용 거위깃털 펜이다. 18세기 이전 유럽을 무대로 한 영화를 보면 편지나 글을 쓰기 위해 거위깃털 펜을 사용하는 장면을 종종 보는데, 대부분 하얀 깃털이 달려 있다. 거위깃털 펜이니 당연하다고 여겨질 수 있겠으나 이 그림을 보면 그렇지도 않다는 사실을 알 수 있다. 자유자재로 쓸 수 있는 펜이 필요한 직업 필경사는 깃털 부분을 모조리 제거하고 길이도 실제보다 짧게 잘라서 사용했을 것이다. 현대의 캘리그러퍼 역시 마찬가지여서, 앞서 언급했던 존스턴이 애용했던 거위깃털 펜도 날개가 달려 있지 않았기 때문에 결코 낭만적인 분위기가 물씬 풍기는 광경은 아니었다.

거위깃털 펜의 끝은 철제 펜과 마찬가지이다. 세로로 홈을 만들어 잉크를 적신 상태를 유지하고 잉크도 잘 흐르게 하고 있다. 그러나 금속이 아닌 깃털 펜의 끄트머리는 필사 과정에서 자연스럽게 마모되기 마련이다. 펜 끝을 다시 예리하게 깎기 위해서는 펜나이프가 필요하다. 현재도 펜나이프라는 이름으로 알려진 소형 휴대용 나이프의 어원은 여기에 있다. 그리고 이 펜나이프가 바로 필경사가 왼쪽 손에 들고 있는 것이다.

이런 식으로 설명해가다 보면 중세의 필경사는 항상 오른손에 깃털 펜을, 왼손에 펜나이프를 쥐고 필사 작업에 임했다고 여겨질지도 모른다. 그들이 보통 이런 모습으로 필사본에 묘사되고 있는 것은 분명 사실이다. 그러나 실제로 이런 스타일로 필사 작업을 하는 것은 오히려 부자연스러울 것이다. 일단 한번 끝을 예리하게 깎은 거위깃털 펜으로 제법 긴 분량의 본문을 베낄 수 있었을 거라는 사실은 특히 아마추어가 베낀 본문을 꼼꼼히 검토해보면 짐작이 간다. 문자가 조금씩 두꺼워지기 때문이

이시도루스, 12세기, 파도바 대성당참
사회 도서관 소장

다. 한편 일류 필경사는 좀처럼 이를 알아차리지 못하게
한다. 결론적으로 펜과 펜나이프를 동시에 든 모습이란
필경사를 상상하는 모티브에 지나지 않았다고 할 수 있
다.

　이런 필경사의 모습은 다수의 필사본에서 찾아볼 수
있다. 파도바 대성당참사회 도서관에 있는 12세기 복음
서 성구집의 필사본 여백에는 사제 복장을 한 이시도루
스(Isidorus Hispalensis, 560—636)가 텍스트를 적고 있는데,
왼손에 든 펜나이프가 과장되게 그려져 있기 때문에 거

필경사의 애교스러운 자태, 12세기, 바이에른
주립도서관 소장

의 낫처럼 보일 지경이다. 그리고 뮌헨의 바이에른 주립
도서관에 소장된—마찬가지로 12세기의 필사본—Clm
9511번의 12장 뒤편에는 대문자 S를 쓰고 있는 필경사의
애교스러운 자태가 묘사되어 있는데, 그는 왼손에 펜나
이프가 아니라 뿔로 된 잉크 그릇을 쥐고 있다.

한편 미엘로의 작업장 왼쪽 구석에는 트렁크 뚜껑이
열려 있어 정리되지 않은 상태로 안에 들어 있는 책자 스
타일의 서적이나 두루마리 책이 보인다. 이런 책들의 장
정에는 아직 금박이 사용되지 않았으며, 책의 표지도 무

늬나 글씨만 도드라지게 찍는 이 시대 특유의 스타일을 확인할 수 있다. 트렁크 앞에 세워져 있는 두 권의 서적에는 걸쇠가 보인다. 영화 〈장미의 이름〉에서도 알 수 있듯이, 중세에는 도서관에서조차 오늘날처럼 책등을 우리 쪽으로 향해 나열한다는 습관은 없었던 것으로 보인다. 옆으로 뉘여 놓거나 오래 간직할 수 있는 귀중품 함에 넣어 보관하는 경우가 많았기 때문이다.

장 미엘로 같은 필경사가 필사본을 완성시킬 때까지는 무수한 사람들의 협조가 필요했다. 짐승의 가죽을 무두질해서 양피지를 만들고 첩(분책) 단위로 준비하는 사람, 잉크를 제조하는 사람(잘못된 비율로 조합하면 본문이 금방 변색되었다), 그리고 거위깃털 펜이나 필사의 견본이 되는 필사본을 공급하는 사람들도 존재했다. 뿐만 아니라 필사를 마친 본문을 원문과 대조하는 사람(collator 혹은 corrector), 본문에 붉은색 글씨를 기입하는 사람(rubricator), 채색하는 사람(illuminator), 그리고 제본하는 사람이 필요했다. 영화 〈장미의 이름〉을 볼 것까지도 없이 수도원이나 대학에서는 이런 작업이 분업에 의해 조직적으로 이루어지고 있었다.

매튜 패리스(Matthew Paris)

중세 필경사의 대부분은 다른 창조적 직업에 종사하는 예술가나 공예 직인들과 마찬가지로 그 이름이나 경력이 거의 알려지지 않았다. 그런 가운데 13세기 잉글랜드의 번성과 위용을 자랑했던 세인트올번스(Saint Albans) 수도원에서 연대기 작가나 필경사로 활약했던 매튜 패리스(Matthew Paris, 1200경—1259)는 특별한 존재였다. 그의 필사본은 상당수 현존하고 있는데 개중에는 자기 자신을 그려넣은 삽화도 발견되었다.

옥스퍼드 보들리 도서관 애쉬몰 필사본 304번, 베르나르두스 실베스트리스(Bernardus Silvestris)의 것으로 여겨지는 운세점 서적인 『실험의 서』 제31장 뒷면에는 소크라테스와 플라톤의 모습을 묘사한 패리스의 삽화가 발견된다. 경사진 독서대에서 소크라테스가 거위깃털 펜을 잉크병에 담구고 바야흐로 글을 쓰기 시작하려는 그림이다. 언제나 그렇듯 그의 왼손에는 펜나이프가 보인다. 이런 소크라테스를 뒤에서 엿보고 있는 사람은 플라톤이다. 두 사람의 머리 위에는 각자의 이름이 적혀 있는데 소크라테스의 이름이 대문자 S로 시작되고 있기 때문에 두 사람 사이의 우열 관계를 한눈에 알 수 있다.

매튜 패리스는 성모자상 아래에 자기의 모습을 그려넣었다. 13
세기, 대영도서관 소장

소크라테스나 플라톤 시대에 이런 형식으로 필사본 제
작에 임했는지는 명확하지 않기에 이 삽화가 시대착오적
소산임은 의심할 여지가 없다. 중요한 점은 중세 유럽에
서는 글을 쓰는 인물을 표현하기 위해 일정한 묘사 방식
과 의미가 있었다는 사실이다. 또한 펜나이프는 펜 끝을
날카롭게 깎기 위해서만이 아니라 잘못 필사된 부분을
깎아내 지워버리기 위해, 혹은 필사 중 양피지를 누르기
위해서도 사용되었다는 점을 덧붙여두고 싶다.

매튜 패리스가 중세에 이름을 남긴 소수의 필경사였
다면. 15세기의 장 미엘로는 어째서 이름이 알려진 것일

매튜 패리스가 그린 소크라테스와 플라
톤. 13세기, 보들리 도서관 소장

까? 15세기 후반 유럽에서 경제적인 측면이든 문예적인
측면에서든 영화의 극을 달렸던 것은 부르고뉴 공국이
었다. 특히 그 도시 브루게를 중심으로 채색 필사본 제작
이 활발했다. 이 공국의 지배자 선량공 필리프(Philip the
Good, Phillippe le Bon)을 섬기던 사람이 바로 미엘로였다.
이름이 알려지는 것이 당연할 정도로 높은 지위에 있었
던 인물이다. 심지어 작가이자 번역가이기도 했다. 인쇄
업자 윌리엄 캑스턴이나, 필경사이자 인쇄도 담당했던

사본실에서 필사하고 있는 장 미엘로. 15세기,
프랑스 국립도서관 소장

콜라르 맨션과 관련이 있었다고도 추정된다. 때문에 미
엘로가 궁핍하기 그지없는 생활을 하고 있었다고는 도저
히 생각할 수 없다.

파리의 프랑스 국립도서관 프랑스사본 9198번은 미엘
로가 1456년 헤이그(덴하그[Den Haag])에서 필사를 완성시
켰던 사본인데, 그 제19장 표면에도 사본실의 모습이 세
밀화로 묘사되고 있다. 실내에 보이는 책장의 문이나 두
단으로 된 작업용 책상에는 세련된 장식용 부조가 가득
새겨져 있어서 앞서 살펴본 세밀화와는 사뭇 다른 화려
한 분위기를 자아내고 있다. 벽에는 잉크 그릇이, 책상

옆에는 잉크병이 보인다. 여기서 미엘로는 책자본 필사본에서 두루마리(『성모마리아의 기적』이라고 추정된다)에 내용을 베껴 적고 있는데, 역시 왼쪽에는 펜나이프가 보인다. 단, 이 펜나이프를 든 자세를 통해 추측해보면, 나이프 자루는 양피지를 평평하게 안정시킬 목적으로 사용했을지도 모른다.

회전식 서가의
아이코노그러피
(iconography)

튼튼한 제본

서구 도서관에는 있지만 일본의 도서관에는 없는 것들 중 하나, 바로 독서대이다. 케임브리지대학교 도서관에도, 파리의 프랑스 국립도서관에도, 뉴욕의 피어폰트 모건 도서관에도 열람 테이블에는 대체로 크고 작은 다양한 사이즈의 독서대가 놓여 있다. 특히 필사본이나 인큐내불라(요람기 서적) 등 오래된 희귀서는 어디서든 반드시 독서대에 올려놓고 읽어야 한다. 과거 근무하던 대학에 새로운 도서관 건립이 결정 났을 때, 귀중서실에 독서대를 놓아야 한다고 건의했건만 결국 실현되지 못했다. 이유는 간단했다. 일본에서 도서관용 비품을 다루는 업자 리스트에 독서대가 없었기 때문이다.

이렇게 말하면 니혼바시(日本橋)의 전통어린 서점인 마루젠(丸善)에 가면 독서대 정도야 얼마든지 팔지 않느냐는 소리가 어딘가에서 들려올 것 같다. 그러나 내가 생각하는 독서대란 서재나 응접실 액세서리로 사용하는 허술한 것이 아니다. 경우에 따라서는 너도밤나무나 떡갈나무 목판으로 장정한 폴리오판(자르지 않은 전지를 한 번 접었을 뿐인 대형 판형)의 무게를 감당할 수 있는 탄탄한 것이어야 한다. 개인적으로 지금까지 들어본 것들 중 가장 큰 사이

옥스퍼드대학교 보들리 도서관 험프리
공작(Duke Humfrey's) 도서실. 『도설 책과
인간의 역사 사전(図説 本と人の歴史事典)』
에서 발췌

즈의 책은 옥스퍼드 보들리 도서관에 있는 무게 22kg의
버논(Vernon) 필사본이었다. 요람(cradle)이라고 불리는
거대한 독서대가 그 때문에 준비되었을 정도이다.

  독서대를 둘러싼 동서양의 차이는 책의 형태에서 오는
역사적인 것으로 추정된다. 일본에서도 등줄기를 쭉 펴
고 독서대에 놓인 동양서를 바라보는 자태를 간혹 목격
한다. 하지만 일본식 장정의 책은 세로로 세우면 제대로

세울 수 없을 정도로 찰진 맛이 없다. 두꺼운 표지로 내부를 지킨다는 사상은 미처 생겨나지 않았을 것이다.

반대로 유럽의 책자본 서적은 탄탄한 제본에 의해 보호되고 있다. 그 결과 중량도 상당해졌다. 따라서 책을 소중히 하려면 독서대에 올려두고 읽을 필요가 있다는 것이 서구 도서관 직원의 설명이었다. 독서대의 경사는 상당하다. 흥미롭게도 앞서 살펴본 것처럼 중세의 필사작업용 책상도, 캘리그러퍼 존스턴의 작업용 책상도 비스듬한 각도였다. 15세기의 필경사 장 미엘로의 책상을 떠올려보시길 바란다. 필경사의 작업용 책상뿐만 아니라 독서용 독서대에도 비스듬한 경사를 확인할 수 있었다.

필사본과 필경사

장 미엘로는 필경사였을 뿐만 아니라 당시 가장 번창했던 상업도시 브루게에서 활약한 작가, 번역가, 편집자, 그리고 부르고뉴 대공을 섬겼던 비서였다. 브루게에 장기간 체재한 적이 있는 잉글랜드 최초의 인쇄업자 윌리엄 캑스턴(William Caxton, 1421경—1491)은 훗날 미엘로의 작품을 출판했다.

나는 이미지로 표현된 필경사의 모습을 필사본 안에서 찾아내 노트에 계속 메모를 해가면서 중세 서적에 관한 연구서를 닥치는 대로 읽었다. 그러자 동일한 미엘로의 그림에 대한 상이한 해석을, 존 윌리스 클라크(John Willis Clark, 1833—1910)의 *The Care of Books*(1901) 안에서 발견하게 되었다. 클라크는 19세기 후반 케임브리지대학교 기록 담당자(이렇게 말하면 자칫 서기로만 들리겠지만 대단히 높은 직책이다)로 *Architectural History of the University of Cambridge and of the Colleges of Cambridge and Eton*(1886, 4 vols.) 등을 출판한, 서적의 역사 영역에서 저명한 학자이다. 아울러 케임브리지대학교에 관한 방대한 장서를 사후 모교 도서관에 기증한 것으로도 잘 알려진 수집가이기도 했다. 그런 클라크가 *The Care of Books*에서 중세 필사본에 나타난 필경사의 작업 모습을 거론할 때 학자의 방의 예시로 미엘로의 그림을 들고 있었다. 그는 나처럼 삐딱한 해석은 하지 않았다. 천진난만하게(?) "난로에서 빨갛게 불이 타오르고 있다"라고 말하며 학자에게 필요한 것이 모조리 갖춰진 간소한 방이라

고 해석했다. 아울러 텅 빈 염낭에 대해서도 별다른 언급
을 하지 않았다.

육면 회전식 독서대

　과연 그렇군! 보는 사람에 따라 똑같은 그림이라도 이
토록 해석이 달라지는군! 삐딱한 자신의 시선을 반성하
면서, 해당 책에 나온 미엘로에 대한 기술의 후반부를 살
펴보니 중세 도서실을 묘사한 세밀화가 몇 점이나 게재
되어 있는 것이 아닌가! 그중 한 장에 꽂혀 한동안 뚫어
지게 바라보았다. 작품은 보카치오(Giovanni Boccaccio)의
『귀인의 몰락』, 에드워드 4세를 위해 플랑드르에서 만들
어진 프랑스어 역 필사본(대영도서관 소장) 안에 나오는, 도
서관에 있는 두 남자를 묘사한 세밀화였다. 표정이나 제
스처를 바탕으로 판단하면, 벤치에 앉아 필사본을 읽고
있는 사내가 왼쪽에 우뚝 서 있는 두건 쓴 사내와 토론
을 하고 있는 모양이다. 흥미로운 것은 독서대였다. 중앙
의 나선 나사 축에 의해 지탱되고 있으며, 이쪽에서는 삼
면의 서가가 보이기 때문에 뒤까지 합쳐 육면 회전식 독

서대로 추정된다. 실제로 확인할 수 있는 삼면에는 한 권씩 필사본이 펼쳐진 채 놓여 있다. 이 독서대라면 한꺼번에 최대 여섯 명까지 책을 읽을 수 있고, 필요하다면 독서대를 회전시키면서 한 사람이 한 번씩 여섯 권의 책을 읽을 수도 있다. 또한 이 독서대에는 회전시키면서 그 높이를 조절할 수 있다는 장점도 있다. 축이 미세하게 움직이지 않도록 발아래 탄탄한 토대도 삽입되어 있다. 그리고 그 토대를 안정시키기 위해 전후(좌우?)로 튀어나온 나무가 붙어 있고 열람자는 여기에 편하게 발을 놓을 수 있다. 참고로 중세에는 나선 나사 축이 제본이나 와인 조제에 필요한 바이스(vise)로도 사용되고 있었고, 15세기 중엽 구텐베르크에 의해 활판인쇄기가 생겨났을 때 더더욱 중요한 역할을 맡게 되었다.

존 윌리스 클라크에 의하면, 이 나선 나사를 이용해 옆으로 회전시키는 독서대는 프랑스어로 rose라고 칭해졌으며, 그 이전에는 1367년 샤를 5세(1337—1380)가 루브르 궁전 탑으로 이 가구를 옮길 때 목수에게 지불한 임금 기록에서 언급되고 있다고 한다. 같은 책에서는 15세기 필사본에 묘사된 이런 종류의 원형 독서대에 대해 여러 사례를 소개하고 있기 때문에 당시 얼마나 인기를 모으고

보카치오의 『귀인의 몰락』에 보이는 육면 회전식 독서대. 15세기, 대영도서관 소장

있었는지 알 수 있을 거라는 이야기였다. 무겁지만 빈번하게 사용하는 사전 따위가 있을 수 있다. 외적 형상은 상이하지만 현대에도 무거운 서적(이를테면 무거운 사전)을 올려놓기 위해 사용하는 회전식 서가가 있는데, 그 원점은 바로 여기에 있다고 여겨진다.

옆으로 회전시키는 독서대가 있다면 세로로 회전시키는 것도 있지 않았을까? 문득 그런 생각에 문헌을 찾아보았다. 실은 이 문제도 존 윌리스 클라크가 논하고 있다. 1903년 5월 11일에 개최된 케임브리지 호고학(好古學)협회 정례회에서 부회장 클라크는 '두 개의 바퀴(wheel) 책상에 대해'라는 강연을 했고 그 내용이 회보에 게재되었다.

클라크는 라이프치히에서 출판된 하인리히 차이징(Heinrich Zeising)의 *Theatrum Machinarum*(1614—1622)에서 수레바퀴 형태의 독서대 동판화와 그 해설을 소개했다. 해설에 의하면 다수의 책을 소유한 사람, 그리고 통풍이 있거나 병약해서 앞뒤로 쉽사리 움직일 수 없는 사람에게 안성맞춤이라고 한다. 도판을 보면, 직경이 어른 키보다 더 큰 목제 수레바퀴 가장자리를 의자에 앉아 있는 독자가 손으로 움직이면, 일정한 각도를 유지한 상

존 윌리스 클라크가 강연에서 거론했던, 하인리히
차이징의 *Theatrum Machinarum*에서 소개된
수레바퀴 형태의 독서대. 17세기

태의 책장이 계속해서 나타나는 시스템이기 때문에 독자
는 거기에 실려진 책을 편히 읽을 수 있다. 오른쪽 끝에
는 수레바퀴 한가운데 박아둔 톱니바퀴 기구가 그대로
노출되어 세밀히 묘사되고 있다. 이쯤 되면 과학사 관련
연구자의 등판이 절실해지는데, 의외로 정확히 묘사되어
있는 모양이다. 클라크의 계산에 의하면 수레바퀴에 달
린 책장은 도합 여덟 개, 폭이 좁은 책장에는 한 권씩밖
에 놓을 수 없으므로 한 번에 여덟 권밖에는 읽을 수 없
다.

도서목록과 유럽의 책 문화

세로로 회전하는 이 독서대는 애서가들의 달콤한 몽상에나 등장할 뿐 도저히 실현이 불가능하지 않을까 싶은데, 실은 그렇지도 않은 모양이다. 클라크는 이론을 실천에 옮긴 이 독서대의 사례를 영국과 프랑스에서 각각 1건, 독일에서 2건 소개하고 있다. 하나같이 실제로 사용된 흔적이 있으며 적어도 20세기 초엽에는 실제로 존재했다. 필시 현재도 어딘가에 있을 것이다.

우선 영국 동부의 해안가 관광지 그레이트야머스(Great Yarmouth)의 성 니콜라스 교회에 있는 회전식 독서대는 제작 연대가 불확실하지만 한쪽에만 있는 수레바퀴 안의 장치 기구가 동판화와 별반 다르지 않다. 단, 실용성을 높이기 위해 수레바퀴는 직경 1미터가 조금 넘는 작은 사이즈임에도 여섯 장으로 구성된 책장과 폭은 훨씬 넓어서 한꺼번에 다수의 서적을 올릴 수 있다. 100% 오크로 만들어져 있으며 금속은 일체 사용되지 않았다.

파리의 아세널(Arsenal) 도서관에 있는 회전식 독서대는 언뜻 보기에 외관은 딴판이지만 이론은 동일하다. 수레바퀴는 길이 약 1미터 정도의 십자가 형상으로 바깥틀에는 세련된 조각이나 장식이 새겨져 있다고 한다. 이

것 역시 제작 시기는 확실치 않다. 아울러 클라크의 요청으로 이 독서대를 조사해준 사람은 도서관장 앙리 마르탱(1852—1927)이 었다고 한다.

아우구스트 공작의 독서대. 17세기, *Great Libraries*에서 발췌

클라크는 세로 회전식 독서대의 소재지로 독일의 볼펜뷔텔(Wolfenbüttel)과 베르니게로데(Wernigerode) 도서관을 들고 있다. 양쪽 모두 두꺼운 도서목록을 올려놓기 위해 만들어졌다. 전자는 제작 연대를 한정할 수 있다는 점에서 중요하다. 앤서니 홉슨(Anthony Hobson)의 *Great Libraries*(1970)에는 사진이 게재되어 있다. 육각형 바퀴를 가진 이 독서대는 브라운슈바이크 뤼네부르크(Braunschweig-Lüneburg) 공국의 아우구스트 공작(1579—1666)의 주문으로 만들어졌다.

탁월한 전략가였던 공작은 엄청난 수집광이기도 했다. 도서관의 내실을 기하기 위해 장서를 계속 늘려갔다. 그

라멜리의 독서대. 16세기, *Great Libraries*
에서 발췌

는 오리지널 장정을 선호했기 때문에 많은 고딕 장정이
다시 제본되지 않고 원판을 유지할 수 있었다. 그리고 공
작은 구입한 책의 등에 캘리그러피를 연상시키는 특징적
인 필체로 직접 제목을 써넣어 갔다. 또한 폴리오판 4권,
각권이 수백 페이지 이상인 장서목록까지 직접 준비했
다. 하지만 5,900페이지째를 완성시키자 결국 그 작업을
비서에게 넘겨버렸다고 한다. 상세한 제목, 출판지, 출
판 연도만이 아니라 다른 판에 대해서까지 상호 참조 내
용을 적어넣은 이 목록은 세밀함이라는 측면에서 당대에

타의추종을 불허하는 것이었다. 회전식 독서대는 이 대형본 목록을 수납하고 사용하기 쉽게 해주었다.

홉슨에 의하면 독서대의 모델은 이탈리아인 기사 아고스티노 라멜리(Agostino Ramelli)가 자신이 저술한 *Le Diverse et Artificiose Machine*(1588, 다양하고 창의적인 기계들—역주)에서 보여준 도판이라고 한다.

필시 클라크도 몰랐을 라멜리의 독서대와 하인리히 차이징의 그것을 비교해보면, 양자가 결국 흡사하다는 사실을 알아차리게 된다. 시기를 근거로 추측하면 후자는 전자를 모방했을 것이다. 정말 그렇다. 라멜리의 동판화 쪽이 보다 꼼꼼히 준비되어 있다,

이리하여 이탈리아인의 아이디어로 17세기 이후 유럽에서 생산되던 세로 회전형 독서대가 정작 이탈리아에서는 단 한 대도 기록되어 있지 않다는 사실, 참으로 불가사의한 이야기이다.

고전의
재발견과
르네상스와의
모순

포조 브라촐리니

하나의 문화가 다른 문화로 이행할 때는 반드시 걸출한 인물이 등장한다. 책의 역사에서도 마찬가지였다. 먼저 소개하는 이탈리아의 인문주의자 포조 브라촐리니(Gian Francesco Poggio Bracciolini, 1380—1459)도 그런 인물 중 한 사람일 것이다.

그의 직업으로 말할 것 같으면 학자, 필경사, 그리고 교황의 비서였다. 그러나 이런 분야로는 도저히 이 인물을 다 담아낼 수 없는, 특별한 존재이다. 교황의 비서라는 입장을 노련하고 명민하게 이용해 오랜 세월에 걸쳐 오래된 필사본을 찾아 유럽 전역으로 책 사냥을 나선 결과, 몇 세기에 걸쳐 먼저만 뒤집어쓰고 있던 수많은 고전 작품 필사본을 발견했다. 현대의 연구자라면 평생 딱 한 권만이라도 미간행 필사본을 발견할 수 있다면 만만세를 부를 텐데, 포조 브라촐리니는 애당초 클래스가 다른 인물이었다.

포조 브라촐리니가 발견한 가장 유명한 고전은 루크레티우스(Titus Lucretius Carus, 기원전 99경—기원전 55경)의 『사물의 본성에 대하여(De rerum natura)』일 것이다. 이것은 1417년 콘스탄츠공의회(Konstazer Konzil)에서 교황의 비서관으로 일하고 있을 당시 포조 브라촐리니가 발견한 책인데, 루크레티우스의 유일한 저작물로 알려져 있다. 또한 장크트갈렌(Saint-Gall, 생갈)의 수도원에서는 로마의 웅변가이자 수사가였던 퀸틸리아누스(Marcus Fabius Quintilianus, 35경—서기 100경)의 『변론법 교육(Institutio Oratorial)』(웅변교수론, 수사학 교육) 완전판을 발견했다. 그때까지 이 책은 불완전한 필사본으로만 알려져 있었다. 포조는 "설명하는 데도 시간이 부족하다, 그토록 방대한 책더미 속에서 우리는 곰팡이와 먼지로 뒤범벅이 되었지만 아직까진 가까스로 무사한 퀸틸리아누스를 발견했다"라는 편지를 남겼다.(P. W. G. Gordan, *Two Renaissance Book Hunters*, 1974).

이외에도 키케로(Marcus Tullius Cicero, 기원전 106—기원전 43), 취미의 심판자로 알려진 정치가이자 풍자작가 페트로니우스 아르비테르(Gaius Petronius Arbiter, 출생연도 미상—서기 66년 사망), 로마의 건축가 비트루비우스(Vitruvius, 생몰연대 미상) 등 그때까지 알려져 있지 않았던 작품들을 독일이나 프랑스 혹은 스위스의 여러 도서관(대부분 수도원 도서관에서 먼지투성이가 되어 있었다)에서 발견했다.

중세 후기에는 고전 작품 필사본에 대부분의 수도사가

관심을 보이지 않았다. 몇 세기나 이전에 필사된, 서체도 그 당시와는 판이하게 달라 낡아빠진 책이라고 여겼다. 15세기 초엽 가톨릭 고위 성직자들이 몰려든 콘스탄츠, 바젤에서 열린 공의회는 이 점에 위기감을 느끼고 포조를 비롯한 성직자들과 의기투합한 인문주의자들에게 필사본 사냥의 기회를 기꺼이 제공했다.

이를 절호의 기회로 여긴 포조는 암미아누스 마르켈리누스(Ammianus Marcellinus, 330경─395경), 발레리우스 플라쿠스(Gaius Valerius Flaccus, 생몰연대 미상, 서기 90년경 사망) 등의 고전작가를 탁월한 후각으로 발견했다. "포조의 본능은 돼지가 트뤼프(프랑스 송로버섯, 트러플[truffle]─역주)를 찾아내는 것처럼 적확한 판단으로 사냥감을 정했다. (중략) 그의 사냥감은 경이로운 것들이었다"(J. H. Plumb, *The Italian Renaissance*, 1961). 이후 포조는 영국까지 찾아갔지만 그가 방문한 지역의 도서관에서는 그다지 주목할 만한 것이 없었다고 한다.

1400년경 포조는 피렌체에서 일하고 있었는데, 1403년에는 로마에서 교황의 필경사가 되었다. 그는 자신이 직접 필사했거나 사람을 고용해 필사시킨 필사본을 직인들의 도시 피렌체로 보내 채색하게 한 후 제본시켰다. 필사본을 베끼는 상대 후원자로는, 아름다운 필기체를 구사하는 필경사이기도 했던 니콜로 니콜리(Niccolò Niccoli, 1364—1437), 코시모 데 메디치(Cosimo de' Medici, 1389—1464)가 있었다. 물론 코시모는 다른 인문주의자의 후원자이기도 했다. 포조의 필사본 발견은 니콜라오 5세(Nicolaus V, 재위 1447—1455)와 갈리스토 3세(Calixtus III, 재위 1455—1458)라는 두 교황이 바티칸 도서관 창립(1448)을 목표로 진귀한 필사본을 수집하려 했던 움직임과도 무관하지 않았다. 주목할 점은 1453년 콘스탄티노플 함락 후 그리스 고전 필사본이 도서관으로 계속 들어오게 되었다는 사실이다. 필경사들은 여러 팀을 짜서 오랜 시간 동안 이런 것들을 필사했다.

오래된 서체의 부활

후세에까지 영향을 미친 포조의 또 하나의 공헌은 오래된 서체의 부활이었다. 그는 고전 작품 필사 작업에 임하며 이른바 휴머니스트체를 채택했다. 9세기에 만들어진 카롤링거왕조의 소문자(Carolingian minuscule)를 규범으로 한 예스러운 서체였다. 포조가 창시자였는지에 대해서는 의견이 엇갈리고 있지만, 초기 보급자였다는 사실에는 의심할 여지가 없다. 이 서체야말로 현재도 세계적으로 사용되고 있는 소문자 로마체의 원형이다. 중세 필사본의 딱딱하고 읽기 어려운 서체를 고딕(즉 '고트풍의' '야만적인')이라고 부르며 경멸하는 한편, 고딕체 이전에 존재했던 카롤링거 소문자를 이탈리아에서 예로부터 내려오던 서체라고 자화자찬하며 애써 소생시키고자 했던 것이다. 포조가 서명하고 1408년이라는 날짜가 기입된 키케로『아티쿠스에게 보낸 편지(Cicero's letters to Atticus)』의 필사본(베를린 국립도서관 소장 해밀턴 사본 166번)은 휴머니스트체로 필사되었다. 책의 마지막 부분에 필경사가 자신의 이름을 적는 관습은 중세 고딕 필사본 시대에는 거의 없었기 때문에, 이탈리아 르네상스의 개인주의 맹아로 간주해도 좋다. 또한 휴머니스트체를 사용한 가장 오래된 필사본은 1402—1403년 포조가 필사했다고 여겨지는 살루타티(Lino Coluccio di Piero Salutati)의 『겸손에 대해서』라고 한다.

포조가 발견한 키케로, 퀸틸리아누스 등의 작품이 15세기 이탈리아 인문주의자들에게 교육개혁의 기본적

안내서로 인정되었다는 사실도 중요하다. 물론 알프스 이북에서 그 진정한 가치가 인정된 것은 16세기 이후의 일이다. 로테르담의 에라스뮈스(Desiderius Erasmus Roterodamus, 1466—1536)나 루뱅대학 교수였던 스페인의 인문주의자 비베스(Juan Luis Vives, 1492—1540) 등에게 힘입은 바가 컸다.

만년의 포조는 시력이 쇠퇴하면서 필사 작업을 멈추고 문필 활동에 진력했다. 그의 저서 가운데 가장 잘 알려진 것은 『골계담(Facetiae)』이다. 이것은 프랑스 북부에서 생겨나 중세에 인기를 모은 설화집인 '파블리오(fabliau)'의 전통을 이어받은 273편의 익살스럽고 외설적인, 그러나 교훈도 담겨 있는 단편집이다. 1438년부터 집필을 시작해 일반에 공개된 것은 1451년이었다. 사후 어느 정도 시간이 흐른 후 1470년 출판·인쇄술을 이용해 유럽 각지에서 출판되어 당시 베스트셀러가 되었다고 한다. 영국 최초의 인쇄업자 윌리엄 캑스턴은 『골계담』을 프랑스 번역본으로 읽고 그중 여러 편을 영어로 번역해서 1484년에 출판한 『이솝이야기』에 삽입했다.

그 전년인 1483년, 윌리엄 캑스턴은 『카토라고 일컬어지는 서』의 서론 안에서 포조의 권위에 대해 다음과 같이

ad falure uept etiam ad dignitare: fi eiuf qui hec oia fuo fo
luif periculo conferuauerit illum filium effe meminerit af.
Quapropter defumma falure uia populiq: r. de urif con
iugibuf ac liberif de arif ac focif de fanif atq; templif de
totiuf urbif tectif ac fedibuf de imperio ac libertate de fa
lure italie de uniuerfa r.p. decernite diligenter ut infti
tuiftif ac fortiter. Habetif eum confulem qui & parere ue
ftrif decrevif non dubitet: & eo que ftatuerint quoad vi
uet defendere & per fe ipfum preftare poffit.

FINIS. LIBRI. SCRIPSIT. POGGIVS.
·ROMAE·

키케로의 「카티리나 탄핵 연설(Catiline Orations)」 가운데, 기원전
63년의 4번째 연설을 포조가 필사한 것. 1425년, 로렌초 메디치
도서관 소장

평가하며 해당 책의 홍보에 이용했다(N. F. Blake, *Caxton's
Own Prose*, 1975).

 피렌체에는 포조라고 불리는 걸출한 학자가 있었다.
그는 에우제니오 교황과 니콜라오 교황을 섬기던 비서
였다. 피렌체 시내에는 책으로 가득 찬 멋진 도서관이
있었는데, 피렌체를 방문하는 온갖 고귀한 여행자들이
방문하고 싶어 하던 도서관이었다. 그곳에는 만권의 훌
륭한 글, 진귀한 책들이 소장되어 있었다. 사람들이 포
조에게 그 가운데 가장 훌륭한 책이 어느 것인지, 그가

가장 우수하다고 평가하는 책이 어느 것인지를 묻자, 그는 주석이 달린 카토야말로 자신의 장서들 가운데 가장 뛰어난 책이라고 생각한다고 답변했다. 이토록 훌륭한 학자가 이 책을 최고의 책이라고 하니, 의심할 여지없이 훌륭하고 유용한 책일 것이다.

(pp.64—65)

니콜로 니콜리와 코시모 데 메디치

포조는 고전 필사본의 발견, 북유럽으로의 여행, 그리스도교회의 중심인 바티칸에서의 높은 지위로 인해 일약 15세기의 저명인사가 되었다. 다행스럽게도 그가 본인처럼 열렬한 장서 수집가 니콜로 니콜리에게 보낸 방대한 서간집이 남아 있어서 우리는 포조의 활동이나 의견에 대해 직접 알 수 있는 단서를 확보할 수 있었다. 이 서간집은 수사학이나 편지 작성 방식의 교본으로도 많은 사랑을 받았다.

니콜리 역시 훌륭한 고전 필사본 장서를 갖춰 방문자나 학자들에게 편의를 제공했다고 알려진 인물이다. 관용을 갖추고 있다는 점에서 두 사람 모두 르네상스 학자, 장서가의 귀감이 되었다. 니콜리는 유언을 남기는 형식으로, 피렌체의 성 마르코 수도원에 누구든지 이용할 수 있는 공공도서관을 짓도록 16명의 관리인에게 장서를 맡겼다. 포조도 그중 한 사람이었다.

포조에게 결코 뒤지지 않을 정도로 니콜리 역시 아름다운 필기체를 구사했는데, 한편으로 그들은 추악하고 투박한 고딕체를 경멸했다. 그러나 그 서체의 근원이 카롤링거체에 있었다는 사실을 발견하고 카롤링거체를 인문주의자체, 휴머니스트체로 부활시켰다. 이것은 현재의 로만체(Roman type)의 직접적 선조가 되었고 이후 더더욱 쓰기 쉽고 읽기 쉽게 하려는 노력이 더해져 이탤릭체가 탄생하게 된다. 직접은 아닐지언정, 베네치아의 인쇄업자 알두스 피우스 마누티우스(Aldus Pius Manutius, 1450경—1515)가 개발한 이탤릭체의 바탕이 되었고, 이후 알두스는 이것을 이용해 포켓판 인쇄물을 세상에 내놓게 되었다.

포조가 니콜리에게 보낸 서간집은 동시대 온갖 인문주의자들에 대한 언급으로 가득 차 있다. 또한 두 사람의 후원자이자 벗이기도 했던 메디치가의 코시모와 로

니콜리의 필적. 베르톨드 울만(Berthold Ullman), *The Origin and Development of Humanistic Script*에서 발췌. 이탤릭체의 원형이 되었다.

알두스가 인쇄한 퀸틸리아누스의 『변론법 교육』(Institutio Oratoria, 웅변교수론, 수사학 교육)

렌초 형제에 대한 언급도 상당하다. 피렌체를 중심으로 만개한 이탈리아 르네상스기에 문예와 미술의 수호신이었던 그들은 필사본 탐색에 혼신의 힘을 다했고 발견된 고전들에 찬사를 보냈다. 고전문학에 대한 열정은 엄청난 것이었다. 메디치 가문과 연관된 은행은 유럽 전역에서 발견된 필사본을 사들이기 위한, 그리고 필경사를 고용하기 위한 자금을 넘치도록 제공했다. 니콜리가 장서를 피렌체 시민에게 유증했을 때 코시모는 재산 관리인의 필두가 되어 모든 과정을 보살폈고, 다른 재산 관리인들로부터 전권을 위탁받자 미켈로초 디 바르톨로메오(Michelozzo di Bartolommeo, 1396—1472)가 디자인한 건물(성 마르코 수도원 도서관)에 장서가 보관되는 것을 끝까지 챙겼으며, 나아가 더 많은 장서들을 모아 도서관의 내실을 기했다.

활판인쇄본의 출현

포조가 살았던 15세기 전반은 어떤 의미에서 현대와 흡사했다. 포조는 평생토록 왕성한 탐구심과 커뮤니케이션에 대한 열의를 내면에 품고 살아갔는데, 인쇄술이라는 새로운 미디어는 기존의 방법론이나 사고 형태를 송두리째 변화시켰다. 대항해시대가 도래하면서 국제정치가 혼란스러워진 시대이기도 했다.

이런 시대 분위기 속에서 르네상스는 앞으로 나아갔고 이를 이끌었던 것이 바로 1450년대 중엽에 출현한 활판인쇄본이었다. 인쇄술이 거의 유럽 전역으로 퍼져나가며 책의 대량생산에 박차를 가했다. 1500년까지 출판된 초기 인쇄본(인큐내뷸라, 요람기 서적)은 내용적으로는 그리스도교회를 위한 성서나 종교서가 전체의 거의 절반을 차지했으며, 귀족 독자를 위한 문학서, 법정이나 현장에서 사용하는 실용적인 법률서, 대학 강의에 사용하는 과학서 등이 이어졌다. 언어적으로는 라틴어가 주류를 이루었지만 시대가 흐르면서 이탈리아어, 프랑스어, 독일어 등 자국어 인쇄본이 늘어갔다.

한편 이탈리아에서는 인문주의자들이 포조에 의해 재발견된 고대 문헌이나, 콘스탄티노플 함락 이후 그리스에서 들어온 그리스어 필사본을 모아 본문 교정 작업에 착수했다. 문헌학은 이렇게 탄생한다. 베네치아의 알두스 피우스 마누티우스 등은 훌륭한 고전 텍스트 간행을

알브레히트 뒤러(Albrecht Dürer), 〈에라스뮈스의 초상〉, 1526년

목표로 삼았다.

정보 폭발의 시대로

사람들이 도무지 책을 읽지 않는다! 책이 팔리지 않는다! 이런 탄식이 끊임없이 들려오는 것이 작금의 현실인데, 15세기 말 인쇄본의 총 발행 부수가 이미 2,000만 부를 돌파했다고 추정하는 연구자가 존재한다. 당시의 유럽 인구, 특히 그다지 높지 않은 식자율를 고려해보면 이는 경이로운 수치이다. 그래도 16세기 중엽까지는 과거 방식의 필사본도 여전히 생산되고 있었기 때문에 인쇄본과 함께 신구 미디어가 공존했다고 여기는 것이 지배적인 생각이다.

16세기 중반 유럽에서 생겨난 인쇄본의 발행 부수는 인큐내뷸라(요람기 서적)의 수배 내지는 열 배에 달할 정도로 추정된다. 한편 인쇄술은 서재에서의 개인적 독서를 가능하게 했기 때문에 16세기가 되면 판형이 작아졌다. 알두스가 이탤릭체를 사용해 인쇄·출판에 성공했던 포켓판 총서는 그 좋은 사례이다. 르네상스 학자들의 서재를 묘사한 그림에서는 독서대도, 책도 대체로 작은 사이즈다.

이 시대 인문주의자가 재발견한 그리스 고전은 인쇄 기술을 통해 계속해서 세상에 보급되었다. 동시에 대항해시대의 지리상의 발견에 관한 정보는 인쇄본으로 발매되자마자 순식간에 베스트셀러가 되었다. 그리고 종교개혁도, 대항 종교개혁도 정보전 양상을 보이기 시작한다. 신구 그리스도교회에 의한 종교전쟁의 무기가 된 것은 인쇄된 책자나 서적이었다. 나아가 각지에서 속속 탄생했던 대학의 교과서로 인쇄본의 수요가 급증했다. 출판물이 범람하는 세상에서 중세 작품들은 거의 망각되다시피 했다. 르네상스기를 거쳐 결국 살아남을 수 있었던 것은 손에 꼽을 수 있을 정도였다.

정보 과잉은 16세기 지식인들에게 과연 어떤 영향을 끼쳤을까? 앤서니 토머스 그래프턴(Anthony Thomas Grafton, 1950—)은 프린스턴대학 도서관이 소장하고 있는 자료를 십분 활용하여 북대서양 항로의 발견이 유럽 근세 학문이나 문화에 어떠한 영향을 끼쳤는지를 증명해 보였다(전람회 〈신세계와 고전 작품—전통의 힘과 발견의 충격〉 1992년 9월—1993년 1월, 뉴욕 공공도서관).

열혈 장서 수집가를 야유한 『광인들의 배(Das Narrenschiff)』의 삽
화, 1509년

그래프턴은 앞서 살펴본 회전식 서가에 대해 정보 과잉 시대로 향하는 하나의 대처법이었다고 주장했다. 그리고 라멜리의 발언을 인용하면서 "이것을 확보하면 그 앞에 앉아 있기만 해도 몇 권이나 되는 책을 활용해 작업할 수 있었다"라고 논하고 있다. 나아가 콘라트 게스너(Conrad Gesner, 1516—1565)의 서지학적 분류나 색인이 또하나의 대처법이었다고 한다. 게스너는 서지학의 아버지라고 칭해지는 스위스의 의사이자 동물학자인데, 예컨대 그리스도교 신앙을 가진 고금의 저자들을 알파벳순으로 늘어놓고 그 저작물을 망라했다. 체계적으로 정보를 얻고 싶어 하는 독자들에게는 참으로 편리한 도구였을 것이다. 그러나 그럼에도 불구하고 독자에게 보여줄 수 있었던 것은 역사나 신화나 과학으로 향하는 입구에 불과했다. 지구상에 있는 동물은 물론 존재하지 않는 동물까지 망라했던 『동물지』가 상징적이다. 이쯤 되면 책이란 모순되게 느껴지는 체험, 인용문, 검증의 산더미가 되어버린다. 그곳에서는 그저 뱅글뱅글 소용돌이가 쳐질 뿐이며 애당초 질서란 존재하지 않는다. 안정된 궤도에 올라타기만 하면 되는 물리적, 심정적 추진력도 기능하지 않는다.

신세계, 그리고 거기에서 초래되는 과학이나 의학 등 정보의 대부분은 아리스토텔레스나 플리니우스 등 고대의 작가들이 묘사했던 세계와는 상당히 동떨어져 있었다. 예를 들어 예수회 사제인 호세 드 아코스타(José de Acosta, 1540—1600)는 인도 제도를 향했을 때의 체험을 다음과 같이 증언하고 있다.

철학자, 시인들이 열대에 대해 역설하는 대목을 읽어본 적이 있기에 나는 적도에 도착하면 끔찍스러울 정도의 더위로 견딜 수 없게 될 거라고 철석같이 믿고 있었다. 그런데 사실은 완전히 정반대였다. 정확히 적도를 통과하던 와중에 어찌나 추웠던지, 몸을 따뜻하게 하려고 몇 번이나 햇볕을 쬐러 나갔을 정도였다. 심지어 때는 바야흐로 3월, 태양은 머리 위의 백양궁을 운행하고 있었다. 솔직하게 고백컨대 나는 아리스토텔레스의 기상론이나 철학을 조소하고 경멸했다. 그의 원칙에 따르면 모든 것들이 뜨거워져서 불이 되어버릴 시간과 장소에서, 나도 나의 동료도 한기를 느꼈기 때문이다. 사실 세상에서 적도 아래만큼 온난한 땅은 없다.

(『대항해시대 총서3 신대륙 자연문화사 상(大航海時代叢書Ⅲ 新大

陸自然文化史 上)』이와나미쇼텐[岩波書店], 1966, p.194)

이리하여 인문주의자들이 그토록 열정적으로 발굴해
내고 인쇄술에 의해 유포되었던 고전이나 기술의 타당성
에 모순이 드러나고 그늘이 드리워지게 되었다. 이는 불
길한 일이었다. 왜냐 하면 중세인들에게 최고의 권위는
성서였지만 르네상스인들에게 그것은 고전이었기 때문
이다. 그런 고전의 권위가 바야흐로 흔들리기 시작하고
있었다.

과거부터 존재했던 두 가지 사상(회의주의와 금욕주의)이
1560년에 이르자 확연히 대두되기 시작했다. 모순이야
말로 인간의 지식이 일부 혹은 완전한 오류를 면할 길 없
다는 사실의 증거일 거라고 인식한 회의주의자들은, 현
자라면 집에서 떠나지 말고 마당이나 일구는 편이 낫다
고 주장하기에 이르렀다. 그래프턴은 "1550년부터 백 년
의 시간을 들여, 서구 사상가들은 고대의 서적을 펼치면
중요한 진실을 발견할 수 있을 거라는 신앙을 멈췄다"라
고까지 단언한다.

프랜시스 베이컨(Francis Bacon)이 『노붐 오르가눔(Novum
Organum, 신기관)』(1620)에서 유럽에 근대를 초래한 3대 발

명으로 활판인쇄술, 화약, 나침판을 꼽았던 것은 잘 알려져 있다. 그러나 인쇄술에 의해 유포된 고전 지식과 나침판을 사용함으로써 발견된 신대륙을 통해 알게 된 지식 사이에 모순이 초래되어, 그 결과 회의주의에 빠져드는 모습은 르네상스의 아이러니기도 했다.

중세 취향

고전주의와 낭만주의

"아침 9시부터 시작되는 수업에 늦지 않으려고 종종걸음으로 교실로 달려오는 학생은 고전주의자, 평소와 똑같은 보폭으로 걸어온 후 교실에 살금살금 들어오는 사람은 낭만주의자, 그럼 말해 보게나, 자네들은 어느 쪽인가?"라고 내가 물었던 것은 영문학사 강의에서였다. 요컨대 규범이나 규칙이 있다면 그것을 따르는 것이 전자, 자고로 규칙이란 깨기 위해 존재한다며 냉소적으로 대응하는 것이 후자이다. 파리나 로마에서는 도로에 차선이 있으면 그것을 무시하면서 운전하고 차선이 없는 곳에서는 질서 있게 운전하는데, 이는 그들이 뼛속까지 낭만주의적 성향을 지닌 집단이기 때문일지도 모른다.

유럽 문명의 기나긴 역사를 되돌아보면 고대부터 시작해 중세의 낭만주의, 그에 저항하며 고전으로 돌아가려던 르네상스(고전 부흥)에서부터 18세기의 이성의 시대, 그 안티테제로서 중세로 돌아가려고 했던 로맨틱 리바이벌, 이렇게 정반대의 가치관이 거대한 물줄기를 만들며 상호 교차하면서 나타나곤 했다.

하나의 예로 서체의 변천에 대해, 특히 오랜 역사 가운데 초기 형태가 의도적으로 재생된 서체에 대해 고찰해

SENATVSPOPVLVSQVEROMANVS
IMP CAESARI DIVI NERVAE F NERVAE
TRAIANO AVG GERM DACICO PONTIF
MAXIMO TRIB POT XVII IMP VI COS VI PP
ADDECLARANDVM QVANTAE ALTITVDINIS
MONS ET LOCVS TAN ... IBVS SIT EGESTVS

로마 비문, 트라야누스 전승기념비(기념주), 113년

PRAEFA
TIO SC
HIERON
BYTERI

카롤링거 대문자, 생 마르탱 수도원에서 제작된 성서의 일부, 830년경

l confolari inu
fidem uram a
m uof ignorare
opofui uenire a

카롤링거 소문자(Carolingian minuscule), 생 마르탱 수도원에서 제작된 성서의 일부, 834—843경

Summus autem fac
ait. S. Quid adhu
lafphemiam. Quid
condemnauerunt ei

휴머니스트 소문자(Humanist minuscule), 1520년경, 현대의 로만(roman) 활자는 휴머니스트체의 직접적인 자손에 해당된다.

et nomen dni inuocau
bera animam meam : n
is z iuftus z deus noftr
uftodiens paruulos d
liatus fum z libauit m
anima mea in requie tu

고딕 텍스투라(gothic textura), 1423년 이전

스탠 나이트(Stan Knight),
『서양 서체의 역사(Historical Scripts)』에서 발췌

포조가 휴머니스트체로 쓴 키케로의 『변론가에 대해(De oratore)』 제1권 도입부, 1425년. 알프레드 페어뱅크(Alfred Fairbank), *The Story of Handwriting*에서 발췌

니콜리가 이탤릭체로 쓴 루크레티우스의 『사물의 본성에 대하여 (De rerum natura)』, 1423년(?). 페어뱅크(Fairbank), *The Story of Handwriting*에서 발췌

보도록 하자.

　로마 시대 비문 문자로 확립된 것은 균형미를 자랑하는 대문자였다(177페이지, 상). 9세기 카롤링거조의 필사본에는 스퀘어 캐피탈이 사용되었는데(177페이지, 중좌), 이것은 고대 로마의 영광을 찬미하는 명확한 표현이었다. 비문의 영향이 느껴지는 대문자는 우아한 균형미뿐 아니라 공간을 멋지게 처리함으로써 개방감을 갖추고 있었다. 대문자에 이어 소문자체도 출현했다(177페이지, 중우). 이것은 요크 출신의 앨퀸(Alcuin, 735경—804)의 지도 아래 투르의 생 마르탱 수도원에서 실천된 서체 개량 운동의 성과였다. 유럽 전역의 필경사들이 이를 모방해 사용했던 서체였다.

　15세기 초엽에는 우리가 현재 휴머니스트체라고 부르는 서체가 등장한다(177페이지, 하좌). 이 서체로 발전시킨 사람은 앞서 살펴본 포조 브라촐리니와 니콜로 니콜리였다. 그들은 북유럽의 고딕체를 경멸했고, 착상의 원류로 초기 북이탈리아의 카롤링거체에 주목한다. 아울러 고딕체는 압축되어 무거운 중량감이 있다는 점, 예각이 살아 있는 형상을 지닌 점, 모가 나서 딱딱한 문자라는 점 등에 특징이 있다(177페이지, 하우). 견식 있고 재능까지 출중한 능서가 포조는 필사 작업에 발군의 능력과 기량을 발휘해 피렌체 핵심 학자들로부터 주목받았을 뿐만 아니라, 많은 교황들을 섬기며 각지의 수도원을 방문해 라틴어 필사본을 탐색했다. 포조가 피렌체에 인맥을 가지고 있었고, 필사본으로 전해진 고전이 르네상스기 사상에 심대한 영향을 끼쳤다는 사실도 이미 앞서 살펴본 바와 같다.

중세의 부활

'역사는 반복한다'라는 것은 잘 알려진 격언이다. 하나의 문화적 현상이 다른 시대로 이어져가지 않는 병목(보틀넥)현상이라고도 말할 수 있고, 르네상스가 중세가 아니라 고전에서 규범을 찾았던 회고(Looking back) 현상의 귀결이기도 하다.

중세 영문학을 예로 들어보자. 초서의 걸작 『캔터베리 이야기』는 15세기에 수많은 필사본이 제작되면서 인구에 회자된 작품이다. 그리고 인쇄본 시대에도 명맥이 끊어지지 않았던 보기 드문 작품이기도 하다. 16세기 후반

이 되자 초서와 동시대 인물인 랭런드(William Langland)의『농부 피어스의 환상(The Vision of Piers the Plowman)』등은 더는 읽혀지지 않았다. 마찬가지로 영어 운문, 그리고 프랑스어 산문으로 작성된 수편의 아서왕 이야기를 15세기 말에 영어 산문 로망(로맨스)으로 정리한 토머스 맬러리 경(Sir Thomas Malory)의『아서의 죽음(Le Morte d'Arthur)』(초판 1485년)은 기사 계급이 저술한 유니크한 기사도 로망이었다. 그러나 16세기는 차치하고 17세기 이후엔 거의 독자를 획득할 수 없었다. 시대가 변화를 맞이하는 전후에 기존의 문화가 모조리 새로운 시대로 고스란히 이행하느냐 하면, 결코 그렇지 않다. 예컨대『캔터베리 이야기』는 이행했지만『농부 피어스의 환상』과『아서의 죽음』은 이행할 수 없었다. 이것이 바로 병목현상이다.

아서왕 이야기는, 젊은 시절의 엘리자베스 1세(재위, 1558—1603)의 가정교사를 역임했던 인문주의자 애스컴(Roger Ascham)이『학교교사론(Scholemaster)』(1570)에서 '간통과 살육뿐'이기 때문에 귀족 자녀들의 교육에는 바람직하지 않다고 비난했을 정도였다. 그러나 아서왕 이야기를 둘러싼 이 상황은 1816년과 1817년, 젊은이용으로 본문이

뜯어고쳐진 세 가지 판본이 잇달아 출현하면서 순식간에 변모한다. 19세기 독자는 아서왕 이야기를 다시 읽기 시작했고 회고 현상은 멈출 줄을 몰랐다. 노골적인 성적 묘사나 무자비한 전투 장면이 일거에 사라졌기 때문이다.

젊은 중세주의자 윌리엄 모리스(William Morris, 1834—1896)나 에드워드 번 존스(Edward Burne-Jones, 1833—1898) 등에게 『아서의 죽음』은 성서에 버금가는 지침서가 되었다. 1856년 모리스는 단테 가브리엘 로세티(Dante Gabriel Rossetti, 1828—1882)를 만났고, 1857년에는 라파엘 전파의 화가들과 함께 옥스퍼드의 중심에 있는 유니온홀(변론회관)의 벽화를 제작했다. 모리스는 특별히 주문한 갑옷으로 온몸을 감싼 채 작업장에 나타났다고 한다. 빅토리아조는 중세 취향 일색의 시대였다. 그 근저에는 외설적인 것을 피하고 품위를 갖추려는 윤리관이 존재한다. 모리스는 몸도 마음도 중세의 기사로 돌아가 『아서의 죽음』을 바탕으로 한 프레스코화를 제작했다.

이 시대 영국을 석권한 중세의 부활은 네오고딕이라고 불리며 장기간에 걸쳐 지지받았다. 특히 건축 분야에서 빅토리안 고딕 양식은 바다를 건너 미국으로 건너갔고, 세기말에 태어난 각지의 대학 건축이나 교구의 교회 건

윌리엄 모리스, 〈아서왕과 랜슬롯 경〉, 1862년

축에 도입되었다. 물론 본고장 영국에서는 인구 증가로
필요해진 교회 건축이나 장식에 네오고딕 양식이 두드러
지면서, 중세 취향의 비평가 존 러스킨(John Ruskin, 1819
—1900)은 이런 장식들 하나하나가 신의 은총이라고까지
생각했다.

　여기서 내가 학창 시절과 교수 시절에 걸쳐 40년 이상
애틋하게 여겼던 게이오기주쿠(慶應義塾) 미타(三田) 캠퍼

스에 대해 잠깐 언급해보자. 19세기 영국을 석권했던 고딕 건축의 부활은 도쿄뿐만 아니라 일본 각지에도 나타났다. 지금도 미타 언덕에 남아 있는 도서관 구관의 팔각탑이나 흉벽을 갖춘 주쿠칸쿄쿠(塾監局, 게이오기주쿠대학의 사무 전반을 담당하는 조직이자 건물명—역주), 그리고 도쿄역 마루노우치 역사의 건축양식은 바로 이 네오고딕 동진(東進)의 결과를 여실히 보여주고 있다. 2000년, 간판이 없기에 '환상의 문'이라고 불렸던 '과거 정문 터'에 건설된 동관은 입구가 자동문임에도 불구하고 외관은 중세 취향을 연상시키는 예이다. 1912년 5월에 준공된 미타의 도서관 구관은 소네 다쓰조(曾禰達藏, 1853—1937)가 설계한 건물이다. 소네 다쓰조는 자신과 같은 사무소에 다녔고 케임브리지대학교에서 유학한 건축가 나카조 세이치로(中條精一郞, 1866—1936)와 함께 이 건물을 설계했다. 그는 뒤편 가까이에 절벽이 있는 바람에 고전주의 양식(그리스 로마 건축의 요소를 집어넣고, 비례[proportionality]와 기둥 양식을 중심으로 한 장식 디자인 시스템을 갖춘 건축양식)의 요소를 집어 넣기 어려워 결국 고딕 양식으로 정해졌노라고 설계도를 펼치면서 설명했다고 한다. 이는 나카노 세이치로의 따님인 미야모토 유리코(宮本百合子, 1899—1951)가 들려준 이야기다.

균형미를 갖춘 고전주의 건축 이후

조망이 좋더라도 급경사라는 입지 조건에 좌우된 사례는 다른 곳에서도 찾아볼 수 있다. 예컨대 19세기 후반, 독일 바이에른주에 세워졌던 그 유명한 노이슈반슈타인 성(말 그대로 '새로운 백조 성')이 있다. 디즈니랜드 신데렐라 성의 모델이 되기도 했던 이 성은 첨탑의 위치를 절묘하게 배치해 균형미를 피했는데, 이런 점에서 루트비히 2세((Ludwig II)의 중세 취향을 느낄 수 있다는 의견도 있다.

대저택을 엘리자베스 1세의 이니셜인 E의 형태로 공간 배치를 하며 균형미를 갖추었던 고전주의적 건축이 이루어진 이후, 다양한 스타일이 유행하긴 했지만 18세기 후반에는 첨탑을 가진 성곽 건축이 유행한다. 한편 고딕 소설의 무대가 될 것만 같은 음산한 분위기의 대저택이 중서부에 세워졌다. 『바텍(Vathek)』을 쓴 소설가 윌리엄 토머스 벡퍼드(William Thomas Beckford, 1760─1844)가 1813

년에 준공시킨 폰트힐 사원(Fonthill Abbey)은 높은 탑을 갖추고 있었기에 완성하기 전 몇 번이나 붕괴되었다.

그리고 중세 귀족처럼 거드름을 피우던 '영주'들은 프랑스풍으로 철자를 썼으며 하이픈으로 연결된 명사를 채용했고 가계도를 다시 작성했고 대저택의 응접실 벽을 갑옷, 창이나 검, 사슴뿔로 장식했다. 직접 기사 차림새로 창을 들고 말에 올라타 시합에 임하기도 했다.

1839년에는 스코틀랜드 에글린턴에서 토너먼트가 개최되었다. 수많은 젊은 귀족들이 참가를 간절히 염원했던 토너먼트였는데, 개설되기 시작한 철도로 무려 10만 명이나 되는 사람들이 몰려들었다고 한다. 완벽히 준비된 대회장에서는 '미의 여왕'으로 선출된 서머셋 공작부인을 필두로 화려한 중세 콘테스트를 연상시키는 행진이 무려 0.5마일에 이르는 규모로 예정되어 있었다. 그러나 막상 행사가 시작되려던 순간, 하늘에서 갑자기 소나기가 퍼붓기 시작했다. 폭우 속에서 진흙투성이가 된 기사들은 들고 있던 창을 내던지고 우산을 쓴 채 피난을 갔다. 고딕 양식의 성내 대연회장에서는 토너먼트 종료 이후 성대한 연회가 준비되던 와중이라니, 참으로 안타까운 일이다.

당시의 이런 모습은 조롱받기 딱 좋은 대상으로 희화화되거나 엄청난 빈축을 샀다. 그로부터 백 년 이상이나 지난 1963년, 전기 작가 이안 안스트러더(Ian Anstruther)는 *The Knight and the Umbrella: An Account of the Eglinton Tournament 1839*에서 상세한 자료를 바탕으로 이 우스꽝스러운 촌극을 생생히 묘사했다. 토너먼트 주최자 에글린턴 백작은 당시 혈기왕성한 26세였다. 당일 프로그램에는 참가 귀족과 그들이 어떤 이름을 가진 기사의 무슨 역할을 담당하고 있는지, 몸에 걸치고 있던 갑옷에 대한 상세한 내용까지 극명하게 인쇄되어 있었다.

아울러 1912년 7월에도 런던의 얼즈 코트(Earls Court)에서 비슷한 종류의 마상 창시합이 개최되었다. 이런 사실은 『기사도와 젠틀맨―빅토리아조 사회정신사(騎士道とジェントルマン―ヴィクトリア朝社会精神史)』(산세이도[三省堂], 1986)에 자세하다. 물론 현대에도 여름철 주말이 되면 워릭성(Warwick Castle)이나 워번 대저택지(Woburn Abbey, 베드포드 공작의 저택) 등의 잔디밭에서 마상 창시합 시연이나 매사냥이 실제로 연출되어 관객들을 모으고 있다.

중세 취향의 제본

이 책이 책의 역사와 관련된 입문서를 표방하면서 아직 중세 취향의 책에 관한 언급이 없다는 점을 의아하게 생각할 분도 계실지 모르겠다. 이 분야의 개척자는 토머스 퍼시(Thomas Percy, 1729—1811) 사제였는데, 1765년에 편찬한 *Reliques of Ancient English Poetry*, 일본에서는 『영국 고가요 모음집[英国古謡拾遺集]』으로 알려진 발라드 컬렉션은 17세기 필사본 '퍼시 폴리오(Percy Folio)'에서 시작된다. 이것은 슈롭셔(Shropshire)에 위치한, '시장이 발달한 도시'에 사는 지인을 방문했을 때 퍼시가 발견한 것이었다.

그곳 하인이 손님을 위해 차가운 대합실을 데울 요량으로 종이로 된 두꺼운 필사본을 꺼내들고 와서 난로에 불을 붙이기 위해 찢기 시작했다. 이것을 염가에 입수한 퍼시는 사무엘 존슨(1709—1784) 등에게 출판을 권유받았는데, 하마터면 재가 될 뻔했던 이 책은 편찬도 엉성해서 많은 오류를 포함하고 있었다. 불완전한 본문에는 손을 대기도 했지만, 요컨대 교정이라는 근대적 의식이 희박했을 것이다. 그런 자의적인 취급에는 출판 후 세평이 완전히 갈려, 반대 측이었던 '로빈후드 전설'의 편집자 조지프

릿슨(Joseph Ritson, 1752—1803) 등의 비판을 감수해야 했다. 이리하여 퍼시 폴리오는 문외불출(門外不出) 상태가 되었다. 19세기 중반, 하버드대학의 F. J. 차일드가 잉글랜드와 스코틀랜드의 발라드집(전 5권)을 편찬할 즈음, 이 필사본이 반드시 필

The Origin and Progress of the Art of Writing. 파피에 마셰(papier-mâché) 제본

요하다고 논쟁을 벌인 결과, 마침내 대영박물관에 'Additional MS 27879'로 소장되게 되었다.

여담을 하며 잠시 쉬어가기로 하자. 단테 가브리엘 로세티(Dante Gabriel Rossetti)를 중심으로 한 라파엘 전파 동지단이 결성된 1848년 전후, 영국에서는 두 종류의 제본 방식이 유행했다. 하나는 1849년 오언 존스(Owen Jones)가 구약성서의 「전도서」를 중세적 서체를 이용해 채색

석판(Chromolithographie)으로 인쇄한 *The Preacher*에서 보여준 '부조(relievo, 양각세공) 제본'(이 책의 첫머리 그림 참조) 방식이다. 제본은 '렘넌트 & 에드먼즈사(Remnant & Edmonds)'가 담당했다.

소형 폴리오판의 표지는, 두껍지만 부드러운 오동나무 부류의 나무판에 고압 프레스로 눌러 부조처럼 보이게 만드는 효과를 노린 장정으로, *The Preacher*는 최근까지 이 기술이 사용된 유일한 사례로 알려져 있었다. 여기에 채용된 식물 디자인은 매우 입체적이어서, 중세의 교회나 대성당의 기둥 장식을 연상시킨다. 산업혁명의 원동력이 된 증기기관의 은혜를 입어 이런 중세풍 제본이 비로소 가능해진 것이다. 또한 이 표지에는 고딕체를 모방한 레터링(lettering)이 사용되었기 때문에 전형적인 중세 취향의 책이다. 서가에 꽂아두기보다는 응접실 테이블에 놓아두는 '커피 테이블 북'이었던 것이다.

다음으로 1840년대, 1850년대에 유행했던 파피에 마세(papier-mâché)라는 제본이 있다. 이것은 종잇조각과 풀, 그을음을 섞어 틀에 넣은 것으로 칠흑 표면에 광택이 있었으며 언뜻 보기에 흑단(黑檀)에 음영을 넣어 부조 형식으로 만들어놓은 것 같은 중후한 효과를 자아낸다. 중세에 이런 식으로 제본된 책이 있었다고는 생각되지 않지만, 빅토리아 시대 사람들은 이것을 과거의 장정 중 하나로 여겼던 모양이다.

중세주의자 헨리 노엘 험프리스(Henry Noel Humphreys, 1810—1879)는 1853년 이 장정을 사용해 *The Origin and Progress of the Art of Writing*을 출판했다. 흥미롭게도 파피에 마셰 제본에 글씨기를 주제로 한 이 책을 라파엘 전파의 윌리엄 홀먼 헌트(William Holman Hunt, 1827—1910)가 자신의 그림의 중요한 소도구 중 하나로 활용했다. 1854년 왕립미술원에서 전람되어 혹평을 얻었던 〈깨어나는 양심(The Awakening Conscience)〉이 그것이다.

라파엘 전파의 어떤 그림

이 그림에는 중세 취향과 함께 라파엘 전파 제1세대가 특징적으로 즐겨 다루던 사회문제가 묘사되었다. 즉 이 작품은 사회적 관심을 자극했고 소설의 주제가 되기도 했던 '타락한 여자(fallen woman)'를 다룬 그림이다. 여기에 묘사된 젊은 여성이 사내의 아내도 약혼자도 아니라

윌리엄 홀먼 헌트의 〈깨어나는 양심〉(부분), 1853년, 테이트브
리튼 미술관

는 사실은, 여성의 왼쪽 손에 많은 반지가 끼워져 있지만 정작 결혼반지를 끼는 약지에는 아무것도 보이지 않는다는 사실을 통해 단박에 알 수 있다. 윌리엄 홀먼 헌트는 사내와 놀아나고 있는 정부(情婦)가 갑자기 방문한 누군가로 인해 양심의 가책에 눈뜨게 되는 장면을 묘사했던 것이다. 유행가 〈덧없는 눈물(Idle Tears)〉의 악보, 고양이에게 붙잡힌 작은 새, 벗겨져 땅에 떨어진 장갑, 올이 풀려버린 털실, 여자의 허리에 감싸인 천 등이 타락한 여성의 운명을 상징하고 있다. 그즈음에 그려진 헌트의 유명한 작품 〈세상의 빛(The Light of the World)〉과의 연관성은 〈깨어나는 양심〉의 오른쪽 하단에 가까스로 비춰들고 있는 한줄기 빛, 즉 신의 빛을 통해 알 수 있다. 이 빛이 그녀에게도 구제받을 가능성이 남겨져 있음을 암시하고 있다.

빅토리아조 시대는 중세 취향에 휩싸인 측면이 분명히 있었고, 짐짓 고상한 척하는 윤리관이 그 근저에 존재했다. 그러나 윌리엄 모리스의 아내, 제인 모리스가 단테 가브리엘 로세티(Dante Gabriel Rossetti)의 뮤즈가 되었고 그 관계는 로세티가 죽을 때까지 이어졌다는 사실을 통해서도 알 수 있듯이, 실생활에서도 과연 그 윤리관이

철저했는가 하면, 꼭 그렇다고는 말할 수 없다. 이 그림에서 가구나 방의 외양은 빅토리아조 시대의 가정치고는 다소 현란하다. 테이블 위에 놓인 파피에 마셰 제본의, 1853년 출판된 *The Origin and Progress of the Art of Writing*도, 여기서는 중세 취향을 보여주는 것이라기보다는 그림이 그려진 시대를 전형적으로 나타내는 상징 중 하나였다. 그리고 정부의 모델은, 헌트의 연인이자 교양이 없는 거리의 여자 애니 밀러였다.

연인에 대한 헌트의 의도가 이런 교육적인 책을 선택하게 했는지도 모른다. 참고로 라파엘 전파와 가까웠던 버나드 쇼(George Bernard Shaw)는 헌트와 애니 밀러의 관계에서 힌트를 얻어 『피그말리온(Pygmalion)』, 즉 영화 〈마이 페어 레이디(My Fair Lady)〉의 원작을 썼다는 설이 있다. 〈깨어나는 양심〉을 본 비평가들은 물의를 일으킨 두 사람의 묘사 장면에 주의를 빼앗긴 나머지 그림에 깃들어 있는 참신성, 종교성을 무시해버렸다. 그러나 러스킨은 1854년 5월 25일 《타임》지에 서간을 발표하면서 "아무리 사소한 묘사일지언정 격렬한 고뇌가 휩싸인 심정으로 똑똑히, 직시하게 만드는 수법이야말로 주목할 가치가 있다"라고 언급한 바 있다.

유럽 세기말
필사본 위작자

치밀한 위작

19세기 유럽에서는 자신들이 기대하는 방식으로 중세를 만들어냈을 뿐, 중세 자체를 그대로 소생시켰던 것은 아니었다. 그러나 한편으로 귀족들은 중세의 필사본이나 초기 인쇄본에 관심을 보였기 때문에 유럽 전역에 희귀본 수집열이 고조되어갔다. '양피지 광'이라는 별명을 지녔던 토머스 필립스 경(Sir Thomas Phillipps, p.93 참조) 같은 광적 수집가도 등장했다. 그는 나폴레옹전쟁으로 피폐해진 대륙 귀족들의 장서가 시장에 나오자 그것들을 일괄 구매하는 형식으로 만권의 컬렉션을 자랑했다. 중세 필사본이 비싸게 팔린다는 사실을 알게 되자 위서를 날조하려는 무리가 속출하게 된 것도 당연한 귀결이었다. 여기서는 세기말 프랑스, 이탈리아, 벨기에에서 중세 필사본이나 르네상스 시대에 만들어진 책들을 치밀하게 위조한 위작자 세 명을 소개하고자 한다.

스페니시 포저

우선 가장 먼저 소개할 통칭 스페니시 포저(Spanish

Forger, 이른바 '스페인에서 온 위작 화가')는 세기말부터 20세기 초엽에 걸쳐 아름다운 채색 필사본이나 패널화 등을 대량으로 위조한 인물이다. 뉴욕 피어폰트 모건 도서관 관장 벨 다 코스타 그린(Belle da Costa Greene)이 1930년 무렵, 15세기 스페인 거장 호르헤 잉글레스(Jorge Inglés)의 작품으로 간주되는 〈성 우르술라의 혼약〉이 위작임을 간파한 후, 그 위작자에게 스페니시 포저라는 이름을 붙였다.

그러나 위작자의 실제 작업실은 필시 파리에 있었을 것으로 추정되었다. 당시 파리 혹은 프랑스 전체가 이런 위작들의 생산지로 악명이 높았다. 실제로 폴 드리외 백작은 1904년에 발표한 일련의 논문에서, 근자에 시장에서 대량으로 유통되고 있는 초기 프랑스 회화나 필사본에 주의하라고 경고했다. 그의 논문에 이런 위작들의 참고 도판까지는 게재되지 않았지만 취급되는 주제 등을 통해 스페니시 포저의 작품이라고 추정할 수 있다. 그리고 1914년에는 2점의 세밀화가 이 위작자의 것으로 간파되었다.

이후 스페니시 포저의 작품이 차츰 리스트에 추가되어갔고, 1978년 피어폰트 모건 도서관이 위작 전람회를

상: 이스라엘 판 메케넴(Israhel van
Meckenem) 작, 〈동방박사의
경배(Adoration of the Magi)〉, 인
그레이빙(engraving)
하: 스페니시 포저의 위작

개최했을 때는 무려 150점 이상에 달했다. 현재는 서양 각지에 있는 개인 소장의 작품이 많은데, 미국 주요 대학도서관이나 공공도서관에서도 찾아볼 수 있다. 나도 이후 고서목록에 등장하는 것을 본 적이 있기 때문에, 현재는 총수가 상당수에 이르렀을 것으로 예상한다.

이 위작자의 손에 의한 필사본이 앞서 언급했던 토머스 필립스 경의 장서에 한 점도 소장되어 있지 않다는 사실은 매우 중요하다. 1872년 세상을 떠날 때까지 양피지에 적힌 것이라면 무엇이든, 좀 더 명확히 표현하자면 우리가 쓰레기통에 내던져버릴 것 같은 것까지 긁어모았던 필립스였다. 그런 필립스라면 스페니시 포저의 세밀화가 시장에 등장했을 때 위작이라는 사실을 설령 알았어도 구입했을 가능성이 있다.

이 위작자가 어떤 책들을 전거로 삼았는지도 밝혀졌다. 특히 폴 라크루아(Paul Lacroix)가 1869년부터 1882년에 걸쳐 파리에서 출판한 5점, 중세와 르네상스의 생활 및 문화를 소개한 책이 매우 중요하다. 해당 책에 나온 삽화가 스페니시 포저의 필사본에 나온 그림의 구성, 주제, 양식에 지대한 영향을 끼쳤다는 점은 명확하다. 기사도, 전투 장면, 의식, 수렵, 매사냥, 게임 놀이, 음악이나 다른 기분 전환, 구혼, 연회 등 세속적인 주제가 그의 회화 중 3분의 2를 차지해 보는 이들을 즐겁게 했는데, 이런 것들의 원작은 대부분 폴 라크루아의 저서에 나온 삽화에서 발견된다. 또한 진품 『미사전례서』의 이탈리아 필사본에 세밀화를 추가할 때는 라크루아에게서 종교적 이미지를 빌리는 경우도 있었다.

단, 스페니시 포저는 자신이 아이디어를 훔쳤던 책으

상: 라크루아(Lacroix)의 중세와
　 르네상스의 생활과 문화의
　 일러스트레이션. *Moeurs,
　 Usages et Costumes au
　 Moyen Age et a L'épique de
　 La Renaissance*에서 발췌
하: 스페니시 포저의 위작

로부터 기계적으로 따라 묘사하지는 않았다. 의상, 표정, 인물의 특징, 건축물, 경관을 자기 취향에 맞게 변용시켰기 때문이다. 변용시킴으로써 자신이 어떤 책을 참고했는지를 요령껏 숨길 수 있었는데, 반대로 수미일관 그의 독특한 스타일을 표현해 결과적으로 위작임이 쉽사리 발각되었다. 이 점에서 그는 특정 화가의 스타일을 똑같이 모방하거나, 마치 그 화가의 진품처럼 보이게 하려던 통상적인 위작자와는 차별화된 존재였다.

스페니시 포저의 위작은 탁월한 완성도를 보였을 뿐만 아니라 수량적으로도 매우 많았기 때문에 미술역사가들의 연구 대상이 되었다. 현대 과학의 틀을 이용해 화학적 분석도 행해졌다. 그는 일부러 연대가 오래된 것처럼 보이려고 노르스름한 바탕색을 지닌 종이를 사용했는데, 그로 인해 다른 안료도 거무스레하게 보이는 탁월한 효과를 거두었다. 그러나 그런 종이를 사용함으로써 오히려 정체가 발각되는 경우도 있었다.

시에나의 위작자

1920년대까지 위작에 관여했던 스페니시 포저의 정체가 지금까지도 일절 알 수 없다는 사실은 신기한 노릇이다. 물론 사회의 그늘에 존재하는 위작자가 직접 나서서 스스로 정체를 밝히는 일은 드물 것이다. 그런데 세기말 이탈리아 시에나에서 암약했던 금박 세공사 이칠리오 페데리코 요니(Icilio Federico Joni, 영국인들은 조니라고 발음한다)는 1932년, 심지어 자서전 *Le Memorie di un Pittore di Quadri Antichi*까지 출판하면서 자신의 연애 편력부터 위작 제조법까지 모조리 털어놓았다. 자서전은 이어 영어번역판(Affairs of a Painter)까지 나올 정도였다.

앨런 토머스(Alan G. Thomas)는 저서 *Great Books and Book Collectors*에서 이런 요니에 대해 논하고 있다. 중세 도시국가 시에나에서는 1250년대 말부터 약 200년 동안 회계 담당 공무원이 반년마다 한 번씩 시의 회계장부를 중후한 금박으로 제본했고, 유명 화가를 동원해 템페라(tempera)로 장식한 '타볼레타(Tavoletta)'를 만드는 관습이 있었다. 그림의 제재는 시대나 화가에 따라 다양했는데, 시의 회계 담당 공무원이나 수호성인 혹은 문장 등이 표현되었다. 유출된 타볼레타 가운데 20점 정도가 해외 미술관 등에 소장되어 있으며 100점 정도가 시에나 박물관에 남아 있다. 로렌체티(Lorenzetti)의 제자가 그린 표지에는 납세자가 의기양양하게 행진하며, 깃발이 휘날리고 나팔 소리가 울려 퍼지는 가운데 기사가 칼을 빼고 환영하는 모습이 묘사되어 있다.

한편 1890년대가 되자 시에나 회계장부의 금박 제본 '타볼레타'(이 책의 처음 그림 참조)가 유럽 전역의 도시에 등장했다. 그러나 이것은 금박 세공사로 보수나 복원도 했던 이칠리오 페데리코 요니의 위작이었다. 어린 시절부터 요니는 시에나 직인공방에서 그림 액자나 성유물 상자, 예배당의 제단, 심지어 바로크 시대의 극장에 이르기까지 크고 작은 온갖 문화유산 수복 작업에 참여했다고 한다. 그 기술은 14세기부터 거의 변함없이 그대로 계승되어온 것이었다.

어느 날 한 개인 수집가가 요니에게 찾아와 베네치아에서 제작된 성유물 상자를 맡기며 금박을 다시 입혀달라고 의뢰했다. 몇 세기나 지난 것이었기에 그대로 놔두는 편이 무난할 거라고 거듭 타일렀지만, 설득에도 아랑곳없이 의뢰자는 결국 상자를 두고 갔다. 이 광경을 옆에서 지켜보던 요니의 친구는 새로운 성유물 상자를 만들어주는 대신 오래된 것은 자기 수중에 남겨두는 것이 어떻겠느냐고 '충고'했다. 이리하여 결국 요니에게는 수집가가 맡긴 것이 남게 되었고, '예뻐진' 성유물 상자를 갖게 된 수집가도 흡족해하며 돌아갔다.

요니는 이 일을 통해 달콤함을 알게 되었다. 이후 얼마 지나지 않아 '오래된' 성유물 상자의 양산에 착수했고 작품은 중개업자를 통해 피렌체, 베네치아, 로마에서 유통되었다. 다루는 대상도 점차 폭이 확대되었는데, 그럴 때 업자 중 한 사람이 요니에게 시에나의 타볼레타를 만들어보면 어떻겠느냐고 조언했다고 한다. 단 한 번도 진품을 접해본 적이 없었기에 요니는 처음에는 주저했던 모양이지만, 결국 삽화가 있는 해설서를 보면서 위조에 착수하게 되었다. 요니는 그 상황을 자서전에 상세히 적어 놓았는데, 템페라를 똑바로 올리는 데 고생했다는 에피소드나 청동 장식 돌기를 암모니아에 적셔 오래된 것처럼 만들었고 철제 걸쇠에 요오드팅크(옥도정기)를 발라 적당히 녹이 슨 것처럼 만들었다는 등, 각종 위조 기술에 관한 깨알 정보가 공개했다. 각인은 당초 뜨개질바늘로 만들었다고 한다.

이런 타볼레타의 위작들이 그토록 가치가 있으리라고는 당사자조차 미처 몰랐던 모양이다. 창고 뒤편에 버려져 있던 것을 경비원이 발견해 하나씩 회수했다. 요니가 만든 위작은 중세의 진품이라기에는 너무 쌌고, 복제품(replica)치고는 지나치게 높은 가격이 책정되어 가게에 진열되었다. 그 결과 바겐 헌터(Bargain Hunter)가 희생양이 되었다. 어느 날 속았음을 깨달은 고객이 소리를 지르며 뛰어 들어왔다. "나를 감히 속이려 하다니!"라며 경악된 고객에게 요니는 냉정하게 답변했다. "맞아! 하지만 당신도 마찬가지야. 살 때는 내가 진품임을 알아차리지 못했을 거라고 생각하면서 잘도 속여먹었다고 생각했던 거잖아!"

신기한 일이었다. 시에나 국립공문서관은 공방에서 걸어서도 갈 수 있는 거리였는데 요니는 실제로 그곳을 방문해 타볼레타 실물을 조사해보려 하지 않았다. 따라서 그의 위작에는 진품에는 없는 요소가 있었고 쉽사리 가품임이 들통났다. 그러나 이것과는 별개로 요니는 그가 살아갔던 시대정신을 무의식적으로 위작에 반영시켰다. 앨런 토머스는 "이것은 그와 동시대 사람들은 미처 인지하지 못했을지도 모르지만, 이후 세대에게는 분명했던 점이다. 특히 시에나의 성인이나 신령을 우의적으로 묘사한 모습은 〈인내(Patience)〉에 등장하는 사랑에 번민하는 20명의 처녀들과 살짝 비슷했다"라고 언급하고 있다. 여기서 말하는 〈인내〉란 1881년 윌리엄 길버트(William Gilbert, 1836—1911)와 아서 설리반(Arthur Sullivan, 1842—1900) 콤비가 발표한 사보이 오페라(Savoy opera, 빅토리아조 말기 런던 사보이극장에서 상연되어 크게 유행했던 희가극)로 오스카 와일드(Oscar Wilde), 스윈번(Algernon Charles Swinburne), 라파엘 전파 등 예술지상주의를 풍자한 작품이다. 스페니시 포저와 요니는 두 사람 모두 필사본을 위조한 대담한 자들이었는데 한쪽은 세밀화, 한쪽은 제본 디자인으로 승부하며 중세 서체의 텍스트를 재현하지는 않았다. 세상에 정체가 밝혀지기를 꺼렸을 위작자들의 작품은 바야흐로 수집가들이 침을 흘리는 표적이 되기에 이르렀다.

재제본(再製本)과 위작 만들기

16세기 프랑스에서는 가죽 제본에 온갖 세련된 의장을 추구하는 컬렉터들이 등장했기 때문에 각양각색의 호사스러운 장식 제본이 하나의 정점에 도달했다. 특히 표지에 라틴어로 "장 그롤리에와 그의 친구들을 위해"라는 글귀를 넣었던 재정담당관 장 그롤리에(Jean Grolier, 1479—1565)의 제본은 매우 유명한데, 그런 그롤리에도 양적으로는 앙리 2세(재위, 1547—1559)와 대적할 수 없었다. 왕은 그롤리에만큼 책을 깊이 음미하지는 않았지만, 왕이었기에 가장 아름다운 책을 소유했고 돈에는 전혀 구애를 받지 않은 채 최고의 제본 장인을 고용할 수 있었다.

젊은 앙리(Henry) 2세에게는 디안 드 푸아티에(Diane de

상: 208페이지 왼쪽 그림 참조, 그롤리에 장정에서 표1의 하단 부분. "장 그롤리에와 그의 친구들을 위해"라고 새겨져 있다.
하: 디안 드 푸아티에를 위해 사용한 모노그램

Poitiers, 1499—1566)라는 연상의 애인이 있었다. 그녀를 위해 준비한 책의 표지에는 르네상스 특유의 컬러풀한 에나멜의 기하학적 패턴 외에, 애인의 이니셜 D와 그것을 뒤집은 형태를 겹쳐 그 사이에 가로 막대를 넣음으로써 H와도 겹칠 수 있는 모노그램을 이용했다.

앙리 2세가 연인 디안을 위해 제본하게 한 책은 극소수에 불과하기 때문에 열성적인 광적 수집가에게는 견딜 수 없이 탐이 나는 대상이었다. 이것을 간파하고 부지런히 만들어 세상에 내보낸 위작자가 3세기 후 벨기에에 나타났다. 재능이 넘치는 테오도르 아게였다. 1850년 무렵부터 30년이나 '활약'한 아게는 처음엔 역사적인 제본의 복제품을 만들었는데, 어느 시점부터 진품이라 칭하며 유럽 전역의 주요 도시에서 팔기 시작했다. 16세기의

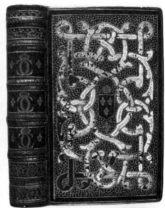

상: 그롤리에의 제본
하: 아게가 제작한 가품 카트린드메디시스
(Catherine de Medicis) 장정. 아래 그림
은 같은 책의 책머리에 보이는 고퍼링
(gauffeuring, 누르는 형태로 문양을 넣는 것)
장식. 1890년경, 브뤼셀 폴저 셰익스
피어 도서관(Folger Shakespeare Library)

책을 해체해 화려하게 채색한 다음 다시 제본하는 것이
그의 방식이었다. 표지에는 교황이나 국왕, 장 그롤리에
등 르네상스의 저명한 수집가의 문장(紋章)이나 이니셜을
넣었다. 심지어 원래의 머리띠(책등 안쪽의 장식 띠) 반표제
지(책자본 앞머리에 끼워 넣는 인쇄되지 않은 종이), 면지(표지 안쪽
에 풀로 붙인 종이)를 상하게 하지 않고 그대로 보존해 위작

에 재사용했다. 머리띠는 원래 꿰매어져 있던 것에 은실을 통하게 해서 책등에 달라붙게 했다.

　아게가 재제본을 위해 선택한 책들은 대부분 그 자체로 엄청난 희귀본이었다. 예컨대 16세기 스페인의 동양학자이자 성서학자이기도 했던 아리아스 몬타누스(Arias Montanus, 1527—1598)의 라틴어로 된 『그리스도 잠언집』을 가지고, 앙리 2세와 디안의 이니셜을 조합한 모노그램을 이용해 위작을 날조했는데, 정작 그 알맹이는 안트베르펜의 유명 출판업자 크리스토프 플랑탱(Christophe Plantin, 1520—1589)이 1575년에 출판한 것이었다. 많은 위작자들과 마찬가지로 진품보다 더 멋지게 완성시키려는 경향이 아게에게도 있었고, 그로 인해 위작임이 들통나 버리는 경우도 종종 있었다. 그가 가진 또 하나의 약점은 제본에 사용한 가죽의 질이 그다지 좋지 않았다는 사실이다. 그로 인해 19세기의 아게 제본은 바깥쪽 홈이 망가지기 쉬웠는데, 16세기의 진품은 이보다 훨씬 튼튼했다.

　위작자 아게의 먹잇감이 된 가엾은 수집가 중 한 사람은 영국인 존 블랙커였다. 그는 아게의 제본을 16세기 진품이라고 철석같이 믿고 무려 3만 6,000파운드나 허비해 100점 남짓 구입했다. 19세기 후반의 3만 6,000파운드는 터무니없는 거액이었다. 그리고 시간이 흘러 한꺼번에 경매하기로 한 블랙커는 컬렉션을 소더비 경매회사에 보냈는데, 놀랍게도 모조리 가품임이 판명되었다. 소더비 측도 주저하던 끝에 사실을 고했겠지만, 사실을 전해들은 블랙커는 충격을 받은 나머지 피스톨로 자살했다(최근 제시된 설에 의하면 아무래도 만성 기관지염으로 죽은 모양이다). 재산관리인의 요청으로 1897년 11월 11일 경매가 행해졌을 때, 목록에는 '최근 서거한 아마추어가 모은 근사한 현대 제본의 일대 컬렉션'이라고 되어 있었다. 관 속에 누워 있을 블랙커에게는 더더욱 가엾은 일이지만, 이 경매의 총액은 고작 1,900파운드밖에 되지 않았다. 현재, 이 경매 목록이 아게 제본에 관한 가장 신뢰할 수 있는 자료이다. 참고로 존 블랙커의 증손녀인 카먼 블랙커(Carmen Blacker) 박사는 후쿠자와 유키치(福澤諭吉) 연구로 박사학위를 취득한 케임브리지대학교의 일본학자였다.

광적 애서가 시대의 복제자

(Facsimilist)

'복제자(펜·복제자)'

　팩시밀리(facsimile)는 송신기에서 전화회선으로 편지 따위의 문자 정보나 화상을 전기신호로 변환해서 보내면 수신 측에서 데이터를 재생하는 시스템으로 잘 알려져 있다. 그리고 귀중서 복각판도 팩시밀리라고 불린다. 그런데 이 단어가 최초로 사용된 것은 1660년 무렵의 일이다. 당시엔 물론 전화도 사진 기술도 없었다. '필사, 복사, 실물과 똑같은 것'이라는 의미를 가지며 명사로도, 동사로도 사용되었던 팩시밀리의 원래 뜻은 'fac simile'(닮은 것을 만들어라)라는 라틴어에서 유래한다.

　복제자(Facsimilist), 좀 더 정확한 표현으로 '펜·복제자'란, 필사본이나 인쇄본의 원본과 조금도 차이가 없는 복사물을 육필(肉筆)로 제작하는 사람을 가리킨다. 현재라면 다양한 사진 기술로 복제쯤이야 쉽사리 만들 수 있다. 그러나 19세기 초기부터 중엽에 걸친 시기에는 매우 어려운 일이었을 것이다. 견줄 바 없이 탁월한 기교로 타인이 보면 자칫 진품이라고 착각할 수 있는 초기 인쇄본의 복각판을 만들어낸 사람, 그가 바로 존 해리스(John Harris, 1791—1873)였다. 아직도 그 전체상이 온전히 밝혀졌다고는 할 수 없지만, 보기 드문 능력을 가진 장인의 활동과 그 공죄(功罪)를, 그를 낳았던 시대 배경 속에서 낱낱이 파헤쳐 보고자 한다.

사상 최고의 낙찰가

귀족 사이에서 희귀본에 대한 광적인 수집열이 퍼져나간 19세기 전반은 이른바 '광적 애서가'의 시대라고 일컬어진다. 서지학자 딥딘(Thomas Frognall Dibdin, 1776—1847)의 *Bibliomania*(1811)에서 유래한 이 단어만큼 시대정신을 정확히 드러내주는 표현도 없을 것이다.

밑바탕은 이미 만들어져 있었다. 18세기 중반 영국에서 가장 오래된 학회인 호고가(好古家)협회(1586)가 런던에서 재조직되어 호고(好古) 취향과 연관된 중세 취향이 고딕 건축에서 장식으로, 그리고 고서에 대한 관심으로 확장되어갔다. 또한 영국은 프랑스혁명이나 나폴레옹전쟁의 영향을 직접 받지 않았기 때문에 이 시기에 산업혁명이 잉태시킨 값싼 제품을 대륙으로 수출하고 있었다. 이리하여 일확천금을 번 자본가들, 즉 유산계급의 귀족들이 국내 고서 시장을 석권했던 것이다. 한편 대륙의 귀족이나 수도원은 거듭되는 전쟁으로 피폐해졌고 때로는 몰락해버린 경우도 있었다. 이 지경에 이르자 그들의 소장 도서가 시장에 쏟아질 수밖에 없었고, 이런 이유로 희귀서 컬렉션이 시장에 나오면 이것도 영국 귀족들이 앞다투어 사들였다.

예컨대 3대 록스버그 공작(Duke of Roxburghe)인 존 커(John Ker, 1740—1804)는 자신의 장서 목록 확충에 혼신의 노력을 기울였다. 공작의 낭만주의적 성격을 반영한 장서의 내용은 주로 인큐내뷸라(요람기 서적), 프랑스어로 된 아서왕 로망, 초기 잉글랜드 및 이탈리아 문학, 셰익스피어, 그리고 연극 작품이 많았다. 그 결과 그가 세상을 떠난 후 42일간에 걸쳐 행해진 1812년의 소장품 일괄 매각에서는 2만 3,341파운드라는 총 매각액을 기록했다. 이는 스펜서 백작(고 다이아나 왕비의 조상), 블랜드퍼드 후작(Marquess of Blandford), 데번셔 공작 등 쟁쟁한 귀족들이 각자의 명예와 투지를 걸고 경쟁한 결과였다. 록스버그 공작이 고작 10파운드에 구매한 캑스턴판 『세계의 거울(The Mirror of the World)』이 351파운드, 마찬가지로 50파운드에 입수한 캑스턴판 『트로이 역사 집성』이 1,060파운드 이상으로 낙찰되기도 했다. 백미는 1471년에 인쇄된 보카치오의 『데카메론』으로, 낙찰가는 2,260파운드였다. 이것은 인쇄본 중에서 영국 경매사상 처음 경험해보는 네 자리 숫자의 가격으로 1884년에 갱신될 때까지 무려 72년간이나 깨지지 않았던 기록이다.

보카치오의 작품이 경매에 나왔던 1812년 6월 17일 밤, 귀족을 포함한 18명의 애서가가 런던의 한 레스토랑에 모였다. 경이적인 낙찰 기록을 축하하며 건배를 하다 보니, 애서가 클럽으로 지금도 이어지는 록스버그 클럽이 탄생되었다. 이 과정을 주도했던 것은 앞서 언급했던 서지학자 딥딘이었다. 그는 이날의 기록적인 경매를 예상하고 있었을 것이다. 그 며칠 전, 애서가 동료들에게 이미 경매 당일의 만찬회 초대장을 보낸 바 있다.

더러움을 '씻다'

유복한 애서가들이 기록적인 거금을 들여 구입한 희귀서는 대부분 다시 제본되었다. 열정적인 수집가의 취향에 맞게 서재를 장식할 수 있도록, 통일된 가죽 장정으로 표지 중앙에는 소유자의 문장이 금박으로 박혔다. 그 결과 중세부터 이어진 중후한 제본용 목재는 버려지고 제본사 프란시스 베드포드(Francis Bedford, 1799—1883) 등의 손길을 거쳐 세련된 이탈리아풍 디자인 제본으로 바뀌었다. 이 시대에는 중세부터 이어져온 교회 건축이 파괴된 후 네오고딕 양식으로 다시 태어났는데, 이와 똑같은 현상이 제본의 세계에서도 일어났던 것이다.

그뿐만이 아니었다. 새로운 수집가의 의향을 헤아렸는지, 제본사들은 재제본 작업에 임할 때 인쇄 페이지를 화학 용제에 담가 더러움을 '씻는' 경우가 많았다. '씻는' 과정을 통해 인쇄 본문을 훼손시키지 않고 여백에 적힌 글씨나 더러움을 말끔히 씻어낼 수 있다. 그러나 그 결과 인쇄면은 납작해졌고 활판인쇄의 인압(印壓)의 강도가 약해져 인큐내불라에 사용된 두꺼운 종이도 얇아지거나 풀이 죽어버리는 경우가 있었다. 빈약하나마 내가 직접 조사했던 개인적 경험을 되돌아보면, 베드포드의 제본 공방에서는 '씻는' 일이 많았던 모양이다. 인쇄 페이지 표면을 꼼꼼히 살펴보며 책등에 가까운 봉합 부분에 코를 가져다대면, 해당 서적이 다시 제본되었을 때 '씻겨졌는지' 여부를 판단할 수 있다.

이처럼 장서의 외관을 말끔히 바꾸고 싶어 하는 신흥

열혈 수집가 입장에서, 모처럼 고가에 낙찰받은 희귀서에 혹여 일말의 하자라도 있다면 도저히 견딜 수 없는 심정일 것이다. 충분히 이해할 수 있다. 바로 이런 국면에서 복제자 존 해리스가 등장하는 것이다. 그야말로 그는 시대가 낳은 총아였다. 유감스럽게도 해리스에 관한 저서도, 연구 논문도 거의 전무한 상황이라 동시대 관계자의 증언을 통해 그가 어떤 활동을 했는지를 단편적으로 엿볼 수 있을 정도이다. 대영박물관 공식 사이트에 'John Harris the Pen-and-Ink Facsimilist'를 기고한(https://www.bl.uk/treasures/caxton/johnharris.html/) 사람이 바로 나라는 사실로도 이해하실 수 있을 것이다. 여기서는 배리 게인스(Barry Gaines)의 논문 'A Forgotten Artist: John Harris and the Rylands Copy of Caxton's Edition of Malory'를 바탕으로 소개를 이어가고 싶다.

복제자의 복각판

존 해리스는 1791년에 태어났다. 같은 이름을 가진 아버지는 상당한 실력을 갖춘 화가로 알려져 있으며, 젊은 시절 왕립미술원 전람회에 항상 출전하던 인물이었다. 자식인 존도 그림에 소질이 있어서 1810년 왕립미술원에 출전했고 이듬해에는 그 학생으로 세밀화 초상화(Miniature Portrait) 제작을 전문으로 하게 되었다. 이는 중세 필사본의 세밀화 전통을 이어받아 튜더왕조 이후 활발해진 예술 형태로 판, 종이, 도판(陶板), 유리 등에 인물상을 극채색으로 정밀하게 그리는 것이다. 그러나 얼마 지나지 않아 그의 관심은 초기 인쇄본의 활자나 목판화를 충실히 복사하는 기술로 옮겨갔다. 한동안 런던의 제본업자이자 복제자이기도 했던 존 휘태커 휘하에서 일하다가 1820년 결혼한 이후 그는 대영박물관에 근무했다. 친한 벗이었던 로버트 카우탄(Robert Cowtan)은 *Memories of the British Museum*(1872)에서 다음과 같이 회상하고 있다.

해리스 씨는 예술가로서 그다지 유명하지 않았지만, 불완전한 초기 인쇄본이나 목판본의 결함을 보완하기 위해 멋진 복각판을 제작하는 사람으로 널리 알려졌다. 이 진귀한 기술에 관해서 그를 능가할 사람은 없다. 푸스트(Johann Fust), 페테르 쉬퍼(Peter Schöffer), 캑스턴, 윈킨 더 워드(Wynkyn de Worde), 리처드 핀슨(Richard Pynson) 등 초기 인쇄업자의 활자를 복각한 것들은 모두가 하나같이 너무도 근사해서 달리 비할 바가 없다. 스펜서 경, 토머스 그렌빌 씨, 대영박물관 등의 서가에 소장된 가장 근사한 희귀서 중에는 그의 '오른손'의 '기술'에 의해 비로소 완전한 책이 된 것이 몇 개나 된다. 그의 손을 직접 거친 페이지 가운데는 너무도 완벽히 보완되었기에 몇 년이 경과되면 복제자 스스로가 자신의 작품과 원본을 식별하기 어려울 정도이다. 종이 선택이며 활자며 그의 복각판은 그토록 완벽했다.

(pp. 334—335)

유감스러운 점은 위의 내용에 해리스의 복각판 제작에 관한 구체적인 묘사가 보이지 않는다는 사실일 것이다. 예컨대 투사지를 썼는지 혹은 손으로 자유자재로 썼는지 등의 단서가 없다. 어쨌든 해리스 본인조차 자신이 직접 복사한 복각판인지 원본인지를 구별할 수 없을 정도였다니, 당연히 타인의 눈으로는 도저히 판별이 불가능했을 것이다.

대영박물관의 저명한 관장 앤서니 파니치(Anthony

Panizzi, 1797—1879)도 매우 곤혹스러워했다. 그래서 평의원회의 지령을 받아, 해리스의 복각판에는 페이지 구석에 "이것은 존 해리스의 손에 의한 것. 앤서니 파니치(This is by J. H.—A. P.)"라는 말을 첨부해두었을 정도이다. 해리스는 대영박물관에서 30년 이상 복각판 작업에 임했기 때문에 이는 분별 있는 결정이었다. 그렇지 않았다면 현대 서지학자는 중세 필사본인지 해리스의 복각판인지, 난제에 골머리를 앓았을 것이다.

이토록 탁월한 장인의 솜씨를 자랑하던 복제사였기 때문에 소문을 들은 귀족 컬렉터들은 계속해서 해리스에게 일을 의뢰했다. 딥딘이 사서로 근무하던 스펜서 경, 탐욕스러운 컬렉터였던 조지 3세, 서식스 공작, 레스터 경 등 당시 저명인들의 장서에는 반드시 해리스의 복각판이 포함되어 있었다. 당연히 수요가 많아지면 비용도 올라간다. 예컨대 캑스턴이 인쇄한 『황금전설(Legenda Aurea)』의 거대한 목판화도 포함되어 있는 낱장의 복각을 위해, 수집가 존 던 가드너는 해리스에게 15기니(1기니는 1파운드 1실링)를 지불했다는 기록이 있다. 이런 상황이기 때문에 이류 복제가가 속속 등장했다고 해도 이상할 것이 없는데, 그런 기록은 거의 남아 있지 않다.

1980년대 초엽, 내게 행운이 찾아왔다. 바스 후작 (Marquess of Bath)의 롱릿(Longleat) 저택을 방문하는 영광을 얻었던 것이다. 그곳은 '롱릿의 라이언'으로 유명한 사파리파크가 포함된 광대한 대지 위에 지어져 있었다. 공교롭게도 후작은 부재중이었는데, 차남인 크리스토퍼 신 경이 조상 대대로 내려오던 캑스턴의 『트로이 역사 집성』(1473)을 보여주었다. "이것은 완본이랍니다"라고 말하며 건네주었는데, 도입부 페이지를 비롯해서 몇 장은 꼼꼼히 작성된 '펜·복제'로 보완된 것으로 여겨졌다. 런던에 돌아오고 나서 당시 대영박물관에서 근무하던 서지학자 니콜라스 바커 씨에게 이 이야기를 꺼냈더니, 그는 "나도 익히 알고 있는 사실이랍니다. 물론 주인에게 전달할 필요는 없겠지만요"이라고 말했다. 존 아넷(John Arnett)의 저서 *Bibliopegia, or The Art of Bookbinding in All Its Branches*(1835) 중에 "바스의 후작은 런던의 휘태커 씨가 에트루리아 양식의 다채로운 색상의 제본으로 완성한 캑스턴의 『트로이 역사 집성』을 소장하고 있다"라는 기술이 보인다. 휘태커 휘하에서 일했던 해리스가 이 책에 복제 기술을 발휘했을 가능성도 있을 것이다.

『아서왕의 죽음』의 필사 미스

보는 사람들은 물론 자기 눈까지도 깜빡 속여 넘길 정도로 탁월한 복제 기술 소유자였던 해리스가, 실은 필사 미스를 저지르는 부주의한 직인이었다고 한다면 다들 신기하게 여길 것이다. 심지어 그것이 하필이면 영문학 역사상 가장 중요한 작품 중 하나로, 2부밖에 현존하지 않는 토머스 맬러리의 『아서의 죽음』(캑스턴 출판, 1485)에서 발생했기 때문에, 19세기 후반 이후 맬러리 작품 편집자들에게 일대 혼란을 초래하게 되었다.

아서왕 이야기의 걸작으로 일컬어지는 『아서의 죽음』은 1470년 기사 토머스 맬러리가 영어 산문으로 번안한 작품으로, 1485년 캑스턴이 출판했다. 800페이지가 넘는 당당한 대작이다. 애독한 사람들이 많아 중판을 거듭했을 뿐만 아니라 후대의 문인이나 예술가들에게 엄청난 영감을 부여해준 중요 서적이다. 현존하는 2부 가운데 본문이 완전한 쪽은 뉴욕의 피어폰트 모건 도서관에 있고, 11장이 빠진 것으로 추정되는 불완전한 버전은 맨체스터대학교의 존 라이랜즈 도서관(John Rylands Library)에 소장되어 있다. 나는 1999년 여름, 라이랜즈 도서관에서 이 책을 열람할 기회를 얻게 되었는데, 어쩌다가 누락 부분이 생겼는지 의아할 정도로 아름다운 대형본이었다.

『아서의 죽음』라이랜즈본은 1816년 1월 존 로이드 장서 매각에서 스펜서 경이 320파운드로 낙찰받았다. 당시 스펜서 문고의 사서였던 딥딘은『스펜서 문고 보유(補遺)』(1822)에서 이 책에 관해 "휘태커 씨라는 인물이 견줄 바 없이 탁월한 기술로 당시 오스터리 파크 문고에 있던 그 유명한 완본에서 11장을 보완한 결과, 이 책은 가장 바람직한 형태로 완본이 되었다"라고 언급하고 있다. 딥딘은 제본업자 휘태커와, 그의 휘하에서 일하던 존 해리스를 혼동했을 것이다. 왜냐 하면 1836년 출판된 *Reminiscences of a Literary Life*에서 딥딘은 20년 전의『아서의 죽음』의 경매 가격에 대해 "320 파운드는 경악할 정도로 엄청난 가격이었다. 해리스 씨의 탁월한 손길로 보완되기는 했지만 11장이 빠진 것은 여전히 커다란 결함이라고 할 수 있다. 심지어 복제 보완에 50파운드나 되는 추가 경비가 필요했기에"라고 술회하고 있기 때문이다. 분명한 점은『아서의 죽음』이 스펜서 문고에 소장되고 나서 11장의 누락 부분이 해리스의 복제 기술에 의해 보완되었고, 그 작업에 50파운드가 들었다는 사실이다.

19세기 초엽의 50파운드는 엄청난 액수였다. 일본 화폐로 50만 엔보다 훨씬 더 될 것이다. 이 정도의 작업이라면 상당한 주의를 기울여 베껴 적었을 것임에 틀림없다고 추정된다. 그런데도 해리스의 이런 실수는 도대체 무엇 때문이었을까? 명확한 원인을 알려면 해리스가 보완한 다른 인쇄본 복제가 얼마나 정확했는지를 조사해야 한다.

'전체의 서(書)'

딥딘의 언급에 나온 것처럼, 당시 본문에 결함이 없는 『아서의 죽음』의 모건본(피어폰트 모건 도서관 소장본)은 런던 교외의 오스터리 파크(Osterley Park)에 있었기 때문에 해리스는 그것을 베껴 복각판을 만들 수 있었다. 오스터리 파크는 1665년 문을 연 영국에서 가장 오래된 은행인 차일드은행 창립자 일족이 기거해왔던 저택이다. 그런데 1885년 이 책은 영국을 떠나 이런저런 경위를 거쳐 뉴욕 피어폰트 모건 도서관으로 오게 된다. 또한 결함이 있던 스펜서 경의 책은 맨체스터에 있는 도서관에 소장되게 되었다. 1892년 라이랜즈 부인이 세상을 떠난 남편을 추억하기 위해 스펜서문고를 일괄 구입한 후, 맨체스터 중심지에 광대한 빅토리안 고딕 양식으로 건설한 도서관에 모두 들여놓았기 때문이다.

1889년 『아서의 죽음』을 편찬한 오스카 좀머(H. Oskar Sommer)는 이미 미국으로 넘어간 피어폰트 모건 소장본을 실제로 눈으로 확인할 수 없어서 스펜서 소장본(라이랜즈 소장본)에 의지할 수밖에 없었다. 아울러 스펜서 소장본 중 해리스가 보완한 11장의 누락 부분에 대해서는 모건 소장본과 비교해 대조표를 만들어달라고 뉴욕 피어폰트 모건 도서관에 요구했다. 그 결과 캑스턴의 철자법과 구두점(句讀点)에서 발견된 70개에 달하는 미스의 대부분을 오스카 좀머가 일람표로 만들어 정정했는데, 그럼에도 불구하고 몇몇 중대한 미스가 여전히 남아버렸다. 좀머는 19세기 말 독일의 학자로 정확한 본문을 편찬하는 것으로 알려졌는데, 그럼에도 불구하고 해리스의 미스를 모두 잡아낼 수 없었다.

그 일례를 제시해보면, 등표(제본에서, 인쇄지를 페이지 순으로 정리하는 데 실수가 없도록 각 접장 등쪽에 접장의 순서 등을 인쇄해둔 기호, 즉 접지 번호—역주) ee 5 안쪽 최종행과 ee 6 바깥쪽 제1행은 위와 같은 본문을 가진다. 이 본문은 『아서의 죽음』판권 부분이다.

a good fryday for goddes sake / Here is the ende of
the <u>hoole</u> book of kyng Arthur & of his novel knyght-
es of the rounde

a good fryday for goddes sake / Here is the ende of
the <u>booke</u> book of kyng Arthur & of his novel knyght-
es of the rounde

모건 소장본이 페이지 끝에서 다음 페이지 시작 부분
에 걸쳐 "the hoole book" 즉 '전체의 서'라고 식자(植字)
한 것에 반해, 이곳을 베낀 해리스는 "the booke book"
이라고 해버렸던 것이다. 숙련된 복제자마저 이런 미스
를 범할까? 다소 의아하게 생각하실 분도 계시겠으나 고
딕체 활자는 자칫 잘못 읽을 수 있다. 결과적으로 스펜
서 소장본을 저본으로 한『아서의 죽음』을 편찬한 많은
편집자들은 페이지 끝과 다음 페이지 첫 부분에 같은 단

어가 반복되는 단순한, 그러나 자주 일어나는 인쇄 미스(dittography)에 불과하다고 해석하고 booke를 하나 생략해 'the book'이라고 읽어버리는 오류를 범하고 말았다. 1947년 *The Works of Sir Thomas Malory*를 편찬한 외젠 비나베르(Eugène Vinaver, 1899—1979)는 이 문제를 언급했다.

캑스턴이 출판한 『캔터베리 이야기』 제2판(1483) 전체 서문에서 묘사된 기사 견습생. 케임브리지대학교 막달레인 단과대학(Magdalene College) 피프스 도서관(Pepys Library) 소장

또한 데릭 브루어(Derek Brewer, 1923—2008)는 『아서의 죽음』에 나오는 '전체의 서(the hoole book)'가 무엇을 의미하는지에 대해 탁월한 논문을 저술했다.

이처럼 현존본의 숫자가 극히 적은 『아서의 죽음』의 경우, 해리스의 필사 미스는 결정적인 악영향을 남겼다고 할 수 있다. 그가 보완 작업을 한 다른 인쇄본에는 이런 문제가 과연 없었을까? 금후의 면밀한 연구를 기다려볼

'존 해리스의 동일 페이지 복각판과 그 일부. 그림 오른쪽 구석에 해리스의 사인 FS. by IH.가 보인다.

필요가 있다.

1998년 런던의 유서 깊은 고서점 버나드 쿼리치(Bernard Quaritch) 창고에서 존 해리스가 작성한 초기 인쇄본의 페이지별 복각판이 상당수 발견되었다. 심지어 그 가운데에는 복각판을 석판 인쇄한 페이지도 있었다. 이것은 분명 복수의 복각판이 만들어졌음을 시사하고 있다. 쿼리치 고객을 위해 초서, 가워(John Gower) 등 캑스턴이 인쇄한 중세 시인들의 작품 중 결함 부분을 메꿀 목적이었을까? 쿼리치는 1847년 창립된 고서점이기 때문에 복제 전문가 해리스의 활동 시기와 겹친다. 초서가 지은 『캔터베리 이야기』의 캑스턴 제2판(1483) 기사 견습생 복각판에서는 목판화 오른쪽 구석에 '존 해리스의 복각판(FS. by IH.)'이라고 되어 있다. 이외에도 H. junr라고 되어 있기 때문에 어쩌면 이름이 똑같은 아버지와 구별해서 쓴 것일지도 모른다. 실은 해리스는 아버지만이 아니라 삼대에 걸쳐 복제자였다는 증언도 있다.

이상과 같은 상황을 고려해보면 19세기 전반 광적 수집가의 장서에 한 번이라도 있었을 캑스턴 출판본은 일부가 복제된 완본으로 시장에서 유통되었을지도 모른다는 생각이 든다. 물론 해리스가 의도적으로 열혈 수집가들을 속이기 위해 보완 작업에 임했다고는 생각하지 않는다. 그러나 조사하면 조사할수록 어딘가 석연치 않다. 일전에 도쿄를 방문한 중세 영문학자(캑스턴 관련 연구 논문 발표자)조차 캑스턴이 출판한 『폴리크로니콘(Polychronicon)』의 도입부 몇 페이지가 세밀한 복각판이라는 사실을 알아채지 못했을 정도이기 때문이다.

커다란 책과
작은 책

버논(Vernon) **필사본**

사람이 책을 읽을 때 손에 들 수 있는 크기, 무게에는
한도가 있다. 내가 지금까지 들어본 책 중에서 가장 크
고 무거웠던 것은 1980년대까지 옥스퍼드대학교 보들
리 도서관 최상층 귀중도서실 '듀크 험프리 도서관(Duke
Humfrey's Library)'에 놓여 있던 버논 필사본(Vernon MS;
MS. Eng. poet. a. 1. 현재는 도서관 신관에 있다)이었다. 1390년
에서 1400년 무렵에 편찬되었고 복수의 필경사에 의해
제작된 필사본이다. 주로 중세 영어와 앵글로-노르만어
(Anglo-Norman language)로 된 크고 작은 350개의 작품을
집대성한 작품이다. 아울러 필사본은 통상적으로 서가
번호가 아니라 구 소장자의 이름으로 통용되었다. 여기
서 등장하는 버논 필사본, 시메온 필사본이 그런 일례이
다.

외부 연구자가 이것을 열람할 경우, 보들리 도서관 1층
접수대에 소개장을 제출한 다음 라틴어(최근엔 영어면 된다)
로 된 서약서를 음독해야 한다. 그리고 나서 출납표에 필
요 사항을 기입하면 잠시 후 커다란 책이 운반되어 나온
다. 일찍이 이곳의 사서는 *The Manuscripts of Macrobi-
us'Commentary on the Somnium Scipionis*(1975)의 저자

이자 이탤릭체의 명수 브루스 바커 밴필드 (Bruce Barker-Benfield) 가 맡고 있었다. 그는 도서관 내의 게시물도 손으로 직접 썼을 뿐만 아니라 서양필사본 부장인 리처드 헌트의 퇴직 기념으로 개최된 〈고대문학의 부활〉 전시회 목록까지 모두 직접 손수 작성해 제작했다.

브루스 바커 밴필드(Bruce Barker-Benfield)의 〈고대문학의 부활〉 전시회 목록 표지

　버논 필사본은 귀중도서실의 통상적 열람석에서는 너무 좁아 볼 수 없으므로, 특별한 공간에 '요람'이라고 일컬어지는 거대한 독서대가 준비되어 있다. 나아가 열람자가 필사본 목록을 조사하기 위해 자리에서 일어나거나 식사하기 위해 잠시 자리를 비울 때는 이 괴물을 사서 자리까지 양손으로 끌어안고 가서 일단 반납해야 했다. 내가 열람을 희망했던 이유는 거대 서적과 격투를 벌이기 위함도 아니었고 혹은 단순한 호기심 때문도 아니었다.

현존하는 다른 필사본 본문과 비교하면서 텍스트 전파에 관한 단서를 얻고 싶었다.

원래 422—426장으로 구성되어야 할 버논 필사본인데 현재는 일부가 누락되어 350장밖에 존재하지 않는다. 그럼에도 중량은 거의 22kg에 육박한다. 제작 당시에는 26kg정도였다는 계산이 나온다. 무거운 이유는 페이지를 넘길 때 소리가 날 정도로 중후한 양피지에 작성되었고, 제본으로 튼튼한 느티나무나 자작나무 판, 그리고 그것을 감싸는 소가죽이 사용되었기 때문이다. 대영도서관이 소장하는 같은 종류의 시메온 필사본(Additional MS 22283)은 이토록 무겁지도 두껍지도 않다. 양쪽 모두 영어의 로망(로맨스), 서정시, 신비주의 작품 등 1페이지에 칼럼 3단, 내지는 2단의 본문으로 되어 있다. 제작을 의뢰한 주문자(확정되지 않았다)는 저택 서재에 디스플레이용으로 놓았을 것으로 추정된다.

1980년대부터 중세 영문학 연구에서 버논 필사본의 중요성이 인식되어 국제학회에서도 수많은 연구 발표가 이루어졌다. 그래서인지 D. S. 블루아 출판사가 1987년 나의 은사였던 A. I. 도일의 서론이 달린, 실물 치수 92%의 복각판을 간행했다. 실물 치수와 동일할 경우 인쇄비용

이 너무 부풀려진다. 이때 필사본 촬영용으로 준비된 독
서대가 필사본의 무게를 견디지 못하고 결국 망가져 버
렸다는 에피소드도 생겨났다.

구텐베르크 '42행 성서'

활판인쇄본뿐만 아니라 대형 책의 효시 중 하나라고
할 수 있는 것이 통상적으로 '구텐베르크 성서'로 알려진
'42행 성서'였다. '인공적으로 쓰는 기술'이라고 일컬어졌
던 활판인쇄를 활용해 거대한 두 권짜리 책이 느닷없이
시장에 나온 것이다. 인쇄 과정에 있던 페이지 견본을 프
랑크푸르트 국제시장에서 직접 목도한 사람들의 경이로
움은 과연 어느 정도였을까?

인큐내불라가 등장했던 인쇄미디어 개막 시대에는 구
텐베르크가 활약한 마인츠 이외에도 유럽 각지에서 성
서가 인쇄되었는데, 서지학 전문가는 각 페이지가 몇 행
으로 되어 있는지에 주목한다. '42행 성서'란 한 페이지
가 42행으로 구성되었다는 의미이다. 성 히에로니무스
의 라틴어 성서 조판에 착수했던 구텐베르크는 우선 40

행으로 시작했다. 그러나 얼마 지나지 않아 40행으로 제
작하면 페이지 수가 너무 많아지기 때문에 결국 42행으
로 확정했다. 이 책의 첫머리 그림에서 소개한 게이오기
주쿠대학교 소장본은 40행의 초쇄 본문이다.

그리고 식자용 원고로 사용한 것은 중세의 성서 필사
본이었는데 대부분 장식이나 스토리성이 있는 삽화가 포
함되어 있는 아름다운 책이었다. 구텐베르크도 이것을
모방해 1453년경 '42행 성서'의 초쇄를 두 가지 색으로
인쇄하기 시작했다. 그러나 얼마 지나지 않아 두 가지 색
으로 인쇄를 하다 보니 두 배나 수고스럽다는 사실을 알
아차리고 결국 포기, 문자 그대로 손으로 직접 붉은색의
텍스트를 삽입하는 형식으로 변경했다.

구텐베르크는 그야말로 시대를 이끈 선구자이긴 했지
만 사업을 이어가기 위해서는 자본가인 요한 푸스트로부
터 거듭 돈을 빌려야만 했다. 그리고 기일까지 갚지 못하
는 바람에 결국 인쇄 기계는 몰수되었고 그의 밑에서 일
하던 인쇄공도 빼앗기고 만다. 하지만 푸스트가 애초부
터 이런 사태를 노렸던 것은 아닐지도 모른다는 시각도
존재한다. 인쇄의 아버지는 이후에 나타난 캑스턴이나
알두스와 달리 불우한 삶을 살다가 세상을 떠났다.

활판인쇄라는 혁명적 기술을 발명했건만 그 이외의 면에서는 보수적이었던 것일까? 구텐베르크는 대형 폴리오판이라는, 당시의 수도원이나 교회 설교단에 놓여 있던 성서 필사본 형태를 답습했다. 인쇄에 사용된 것은 수록지(手漉紙)와 양피지였다. 대영도서관에는 종이로 된 것과 양피지로 된 '42행 성서'가 한 세트씩 있다. 일반 독자가 열람을 희망하는 것은 중세 필사본처럼 아름답게 육필로 채색된 종이로 된 세트이며, 채색이 되어 있지 않은 양피지본은 무시당하기 일쑤이다.

그런데 내가 양쪽을 나란히 놓고 조사했을 때 양피지본의 밑바닥에 묘한 흐름이 있다는 사실을 알아차린 적이 있다. 페이지를 넘기다 보니 놀랍게도 거기에 복수의 좀류(종이에 피해를 주는 해충—역주) 사체가 있는 게 아닌가! 초기 인쇄본부장인 크리스티안 옌센은 당황한 나머지 양피지본을 회수했다. 그의 설명에 의하면 그레이트 러셀(Great Russel) 거리에 있는 대영박물관에서 세인트판크라스 역(St Pancras station) 근처에 신설된 대영도서관으로 이관되는 과정에서 좀류가 혼입되었을 가능성이 크다는 이야기였다. 그러나 그것보다 당사자로서 당장 머리가 아팠던 원인은, 폐가 서고에서 관리되고 있는 온갖 희귀서를 훈증(燻蒸)할 필요가 있다는 사실 때문이었다.

구텐베르크 성서, 일본으로

1987년 10월 22일, 오후 7시 20분(뉴욕 시간), 옥션 하우스 중 하나인 크리스티 경매에서 니혼바시(日本橋) 마루젠(丸善)이 '42행 성서' 상권을 낙찰받았다(이전부터 하권의 행방은 알 수 없다). 수수료를 포함해 539만 달러(약 7억 8,000만 엔)라는 낙찰가로 기네스북에 올랐다. 회장에서 응찰했던 고서부장 도미타 슈지(富田修二)는 엄청난 열기의 도가니였던 당시의 분위기를 『구텐베르크 성서의 행선지(グーテンベルク聖書の行方)』(도쇼슛판샤[図書出版社], 1992)에서 상세히 서술하고 있다. '42행 성서'를 소장하고 있던 캘리포니아의 부호 에스텔라 도히니 부인이 자신이 직접 창설한 가톨릭 신학교에 기증했지만, 어느 연한이 지난 후 필요하다면 매각해도 좋다는 유언을 남겼기 때문에 그에 따라 경매 절차가 시작되었다. 그리고 마루젠은 창업 120년 기념으로 이 성서를 구입했고 전국의 지점에서 순회 전시를 개최했다.

1993년부터 개인적으로는 오랜만에 케임브리지에서 1년간 유학 생활을 보낼 당시의 일인데, 여기까지 도미타 씨가 찾아오신 적이 있다. 마루젠은 '42행 성서'를 구입한 다음 몇 년간에 걸쳐 홍보 선전에 활용했는데 은행 이자의 중압에 감당이 되지 않아, 슬슬 진정으로 있어야 마땅할 곳을 모색하고 싶었던 것이다. 후쿠자와 유키치가 문을 연 게이오기주쿠대학교의 졸업생 중 한 사람인 하야시 유테키(早矢仕有的)가 창업한 마루젠이었다.

"결국 귀교가 최적의 장소라고 생각했는데, 어떻게 생각하시는지요?"

물론 이것은 일개 교수에 불과한 내가 결정할 수 있는 사안은 아니었다. 하지만 구텐베르크 성서의 학문적 가치에 대해서는 기꺼이 추천할 수 있다고 생각해, 그날 밤 관계자에게 팩스를 보냈다. 이후 '42행 성서'는 게이오기주쿠 도서관에 소장되게 된다. 우연이지만 당시는 '디지털화'라는 단어가 사람들 입에 한참 오르내리던 시절이었다. 민간 기업으로부터 요청도 있어서 문부성(현 문부과학성)도 연구 자료의 디지털화를 추진할 대학에 연구조성비를 부여한다는 방침을 꺼내들었다.

이리하여 1996년 게이오대학교에서 첫 산학협동, 그

리고 학부횡단형 디지털 연구 조직인 HUMI(Humanities Media Interface) 프로젝트가 생겨났다. 프로젝트의 중심은 새로 들어온 '42행 성서'였으며 미타 캠퍼스의 도서관 구관 지하에 연구 공간이 조성되었다. 이공학부의 디지털 기술 전문가와 미타 캠퍼스의 문과 계열 소장파 교원들이 당면 목표로 삼았던 것은 1997년 1월, 니혼바시 마루젠에서 '구텐베르크 성서 소장 기념 게이오기주쿠 도서관 희귀서 전시'를 개최하는 것이었다. 마침 비슷한 시기에 도서관에 소장된 『동물지(Historiæanimalium)』(과거 소장자 아라마타 히로시[荒俣宏])에 콘라트 게스너(Conrad Gessner, p.170 참조)가 묘사한 코뿔소가 있었는데 이것을 디지털 자료로 바꿔보자 좋은 평판을 얻게 되었다.

'42행 성서' 2권 세트는 제본 방식에 따라 중량이 달라지는데, 합쳐서 15kg가 넘는다. 미국 유명 대학에서는 도서관에 잠입한 학생이 세트를 등에 짊어진 류색에 넣긴 넣었지만 결국 창문을 통해 탈출할 수 없었다는 에피소드가 남아 있을 정도다.

'42행 성서'는 설교단에 두거나 책상 위에 놓고 읽는 대형 서적이었는데, 초판 이후 40년이 지나자 (만약 작정만 하면) 잠들면서도 읽을 수 있는 옥타보(Octavo), 8절판의 성

240

서가 등장한다. 바젤의 인쇄업자 요한 프로벤(Johann Froben, 1460경—1527)이 1491년 출판한 통칭 『빈자의 성서』이다. 『구약성서』『신약성서』 본문이 생략기호가 많은 라틴어로 인쇄되어 있으며 채색 따위도 없

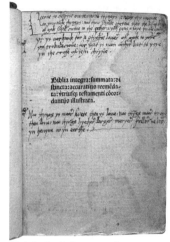

『빈자의 성서』, 1495년

다. 1495년 출판된 제2판의 어느 카피(위의 그림 참조)에는 제목 페이지 위쪽에 영문으로 글이 적혀 있기 때문에 인쇄 후, 미제본 시트 상태로 와인 술통에 담겨 배로 운송된 후 잉글랜드 시장에서 판매된 결과일 거라고 추정되고 있다.

미니어처 북

커다란 책을 소개한 다음에는 미니어처 북 이야기가

나오기 마련이다. 이것은 인간의 눈의 한계와도 관련이 있을 것이다. 정의에는 여러 설이 있지만 존 카터(John Carter)의 『서양 서지학 입문』을 참고로 '약 5.1 cm ×3.8 cm 이하'로 보는 것이 타당할 것이다.

도쿄 간다진보초(神田神保町)에는 여성이 경영하는 로코쇼보(呂古書房)라는 이름의 미니어처 북 전문서점이 있다. 여성은 아버지를 따라 진보초 서점 거리를 다니다 자연스럽게 고서점 주인이 되어버렸다고 한다. 아울러 2007년 전람회 〈미니어처 북스―자그마한 보물 4000년의 역사〉를 뉴욕 D. S. 블루아 출판사에서 개최한 후 강연과 전시를 위해 일본에 온 앤 C.브로머는 체구가 작은 미국인 여성이었다. 그녀는 "미니어처 북은 여성이 수집하기 최고입니다! 공간도 차지하지 않고 컬렉션은 여행 가방에 넣어 휴대하고 다닐 수 있습니다"라며 열변을 토했다. 전람회 목록 한정판에는 비슷한 내용의 미니어처 북이 딸려 있는데, 안에 담긴 내용 판독에는 확대경이 필요하다.

16세기의 일이다. 귀족 여성들 사이에서 미니어처 북을 매달아 벨트(거들) 아래 늘어뜨리는 것이 유행했다. 대영도서관이 소장하고 있는 미니어처 기도서(Stowe MS956)를 소개해보고자 한다. 커버가 금으로 세공되어 있으며,

헨리 8세의 초상화를 포함한 미니어처 북, 1540년경. 대영박물
관 소장

목에서 혹은 거들에서부터 아래로 매는 미니어처 북이
다.

이 미니어처 북은 존 크로크(1489—1554)가 쓴 종교시나
시편을 포함한 양피지 필사본이다. 사이즈는 40mm ×
30mm이며 매달 수 있도록 금고리가 걸려 있다. 앞머리
에는 영국 왕 헨리 8세(재위, 1509—1547)의 초상화가 등장
한다. 미소를 머금고 있는 왕의 표정을 보면 오랜 구혼
기간 중 연인에게 보여준 표정일 것 같다. 만약 그렇다면
이 책은 두 번째 왕비 앤불린(1507—1536)에게 선물한 것
으로 추정하고 싶어지는데, 그것은 소문에 불과한 모양
이다. 현재 출처에 관한 조사가 진행되고 있는데, 이것이
소문의 영역에 불과하다는 사실이 분명해지고 있다.

이미 고서 수집력이 반세기가 넘다 보니 딱히 의도

하지는 않았건만 나는 몇 개인가의 미니어처 북을 수 집할 수 있게 되었다. 예를 들어 카터의 미니어처 북 의 정의에서 벗어나긴 하지만 8.3cm ×5.2cm, 2사절판 (SecondQuarto) 판형으로 금실과 은실로 자수가 놓여진 「시편」(책의 첫머리 그림 참조, 1630,STC2623)이 있다.

호튼 컬렉션

1979년 12월 5일, 런던의 경매회사 크리스티에서 '아 서 A. 호튼 주니어가 구축한 미니어처 북스 장서'의 경매 가 진행되어 세상의 이목을 끌었다. 해당 경매에는 플랑 탱, 푸르니에(1712—1768), 피르맹 디도(Firmin Didot, 1764— 1836) 등 애서가라면 군침을 삼킬 만한 인쇄업자들의 걸 작을 포함해 총 351점이 즐비했다. 그러나 그 이유 때문 만은 아니었다. 미국 실업가 컬렉션이었으며, 뉴욕 애서 가들의 모임인 그롤리에 클럽(Grolier Club)에서 열린 전람 회에서 이미 큰 호평을 받았기 때문이다.

아서 A. 호튼 주니어(Arthur A. Houghton Jr., 1906—1990) 는 스토이벤 글라스 공예회사(Steuben Glass Works)를 경영

하면서 메트로폴리탄 미술관이나 뉴욕 필하모닉의 회장을 역임한 실업가이다. 미국에서 글라스 제품의 압도적인 점유율을 자랑하는 코닝 글라스 회사의 경영자 가문에서 태어나 아버지처럼 하버드대학교를 졸업한 후 가업을 승계했다. 그러나 호튼은 오히려 문화 사업의 자선가로서 혁혁한 업적을 남겼다.

호튼 본인은 희귀서의 열혈 수집가였다. 그리고 모교하버드에 자신의 이름이 붙은 도서관을 기증한다. 이 도서관은 예일대학교의 바이네케 레어북 도서관과 쌍벽을 이루고 있다. 아울러 1980년대에는 수많은 희귀서를 크리스티에서 경매로 구입했고, 간혹 호튼 본인이 직접 경매 회장에 나와 고서가 결국 어디로 향하는지 즐겁게 지켜보았다는 증언도 남아 있다.

호튼이 소장했던 책으로 윌리엄 캑스턴이 출판한 『잉글랜드 연대기』(초판 1480)를 게이오기주쿠 도서관이 낙찰 받은 적이 있다. 경매 목록 해제에는 완전본이라고 적혀 있었지만, 낙찰받은 책은 이후 대영도서관으로 보내져 당시 인큐내뷸라 부문을 책임지고 있던 로테 헬링가 (Lotte Hellinga)의 상세한 조사를 받게 되었다. 그리고 낙찰받은 초판의 낱장이 1482년의 제2판으로부터 공급받 있다는 사실이 밝혀졌다. 헬링가 박사의 탁월한 안목은 구두점에 사용된 사선 길이의 미세한 차이마저 놓치지 않았다.

이후 이 결과는 경매회사에 통보되었고, 낙찰자는 낙찰가의 10%를 할인받는 혜택을 누리게 되었다. 물론 표지 뒷면에는 호튼 장서표가 붙어 있었다.

호튼의 미니어처 북 경매 목록에는 3페이지의 컬러 도판과 19페이지에 걸친 흑백 도판이 첨부되어 있다. 백미는 호화로운 시도서(時禱書) 필사본이었다. 1점은 1490년 무렵 브루게에서, 다른 1점은 1530년 무렵 프랑스의 퐁텐블로파(派)에 의해 제작된 것이라고 한다. 후자의 견적은 대략 10,000파운드에서 15,000파운드(당시 1파운드는 350엔)로 예상되었는데 결국 천문학적 숫자로 낙찰되었다. 고작 미니어처 북에 불과하다고 결코 얕볼 수 없다는 사실을 이해할 수 있을 것이다.

말없는
여백의 힘

'너무 늦게 온 르네상스적 지성'

젊은 시절부터 뉴 크리티시즘(new criticism)의 I. A. 리처즈(I. A. Richards, 1893—1979), 케임브리지대학교의 프랭크 레이먼드 리비스(Frank Raymond Leavis, 1895—1978), 『장미의 이름』의 움베르토 에코(Umberto Eco), 미술평론의 에른스트 곰브리치(Ernst Gombrich, 1909—2001) 등 20세기 서구를 대표하는 탁월한 지성들의 강연 말석을 어지럽혀 왔지만, 개인적으로 프란시스 조지 스타이너(Francis George Steiner, 1929—2020)만큼 인상적인 걸물은 일찍이 존재하지 않았다. 여류작가 바이어트(Antonia Susan Byatt, 1936—)가 놀랍게도 적확히 '너무 늦게 온 르네상스적 지성'이라고 부른 인물이다. 다국어 능력자(polyglot)이자 박람강기(博覽强記)한 작가, 철학자, 문예평론가, 비교문학자라는 무수한 얼굴을 지니고 있었다.

1974년 4월, 이 국제인은 게이오기주쿠대학교가 주최한 연속 세미나에 초빙되어 일본에 도착했다. 스타이너는 방일에 비자가 필요한 미국 국적자였는데, 런던 경유로 비자 없이 하네다 공항에 도착했다. 그를 맞이하러 나간 우리 앞에 예정보다 한 시간 늦게 나타난 스타이너는 짓궂은 표정으로 "마치 카프카의 세계 같군"이라며 중얼

거렸다.

"나의 아이덴티티는 국가나 사람, 언어가 아니라 시간의 흐름 속에 있다"라고 공언한 유대인다운 발상의 소유자였다. 어린 시절 스타이너는 파리에 살았다는데 가족은 나치스의 박해를 받았고 조지 스타이너만 살아남았다고 한다.

스타이너는 다음 날부터 열흘 정도의 일정을 정력적으로 소화했다. 이틀간 게이오기주쿠대학교 미타 캠퍼스 회의실에서 진행된 세미나가 결국 일반인에게 공개되지 못했던 것은 지금도 후회스럽기만 하다. 하지만 다카하시 야스나리(高橋康也), 기시 데쓰오(喜志哲雄), 후지카와 요시유키(富士川義之) 등 외부 초대자들과, 대학 내 문학 계열의 중진 교수가 출석해 통역 없이 영어, 독일어, 프랑스어 등 3개국 언어로 발표가 이루어졌고 스타이너도 3개 국어로 응답했다.

언어사회학자 스즈키 다카오(鈴木孝夫)가 "무지개는 무슨 색이라고 생각합니까?"라고 질문하자, "다섯 색이었나? 여섯 색이었나? 실은, 영국에서는 무지개가 거의 뜨지 않아서"라고 골치 아파하더니, "영국에서 무지개를 마지막으로 본 사람은 워즈워드였습니다"라고 덧붙였다.

분명 워즈워드에게는 〈무지개〉라는 제목의 유명한 시가 있다.

일본에 체재 중이던 4월 23일은 스타이너의 생일이었다. 동시에 '세인트 조지의 날(St. George's Day)'이었으며 셰익스피어의 생일이자 망일이기도 했다. 심지어 게이오기주쿠대학교의 창립기념일이기까지 해서, 이런 엄청난 우연의 연발에 동행한 부인과 딸도 기쁨을 감추지 못했다.

세미나 외에 다른 날짜에 준비된 행사도 있었다. 가토 슈이치(加藤周一), 야마구치 마사오(山口昌男), 에토 준(江藤淳) 등과 대담 자리에서 격한 논쟁을 벌인 장면도 있었다. 이런 행사들은 게스트가 귀국한 이후, 『문학과 인간의 언어─일본에서의 G. 스타이너(文学と人間の言語─日本におけるG.スタイナー)』(게이오기주쿠미타분가쿠라이브러리[慶應義塾三田文学ライブラリー], 1974)라는 책을 통해 그 성과를 보여주었다.

클래식 음악을 좋아하는 스타이너가 NHK 교향연주회에 초대받았을 때, 무려 75분에 이르는 드미트리 쇼스타코비치(Dmitri Shostakovich)의 교향곡 7번 '레닌그라드' 연주에 대해, "너무도 전체주의적인!"이라는 한마디로 선명한 평가를 남겼다. 독일 나치스 침공을 의식한 부분에 유대인인 스타이너도 느낀 바가 있었던 것일까?

스타이너의 독서론

이해는 스타이너가 케임브리지대학교 영문과와 관계가 껄끄러워지면서 3년간의 강사 계약에 종지부를 찍고 가을에 제네바대학교의 비교문학강좌 교수로 부임한 시기였다. 이후에도 케임브리지에 살았던 스타이너는 주말이 되면 대학도서관에서 계속 열람을 했다. 아침 9시, 대학도서관이 문을 열 시간이 되면 입구에 줄을 선 그의 모습이 보였다. 나도 1975년 여름부터 3년간 그가 있던 곳으로 유학을 갔기 때문에 도서관에서, 혹은 런던행 열차를 기다리는 역 플랫폼에서 인사를 나눌 기회가 있었다.

1976년 3월이었던 것으로 기억한다. 케임브리지대학교의 은사 데릭 브루어(Derek Brewer) 선생님으로부터 "봄방학에 버밍엄대학교에서 대학영어영문학 교원협회 연차대회가 개최되니, 게스트로 참가하면 어떻겠는가?"라는 말씀을 들었다. 일본영문학회 같은 학회로 막상 참가해보니 옥스브리지(Oxbridge)와 런던, 에든버러대학교

의 동창회를 연상시키는 분위기였다. 2일째 특별강연의 주인공은 스타이너였다. 18세기 로코코 시대의 프랑스인 화가 장 바티스트 시메옹 샤르댕(Jean-Baptiste Siméon Chardin)이 그린 〈The Uncommon Reader〉(평범하지 않은 독자)에 대한 50분간의 도상학적 슬라이드 강연이었다. 이토록 두근거리는 가슴으로 들었던 강연은 오랜만이었다. 내용은 훗날 『언어에 대한 열정(言葉への情熱)』(호세이다이가쿠슛판쿄쿠[法政大学出版局], 2000)의 도입부에 적혔는데, Faber & Faber 출판사에서 간행한 원저서 표지에는 〈독서하는 철학자〉라는 제목의 샤르댕의 그림이 사용되었다.

  스타이너의 분석 방식은 회화에 묘사된 많은 대상이 지닌 도상학적 속성을 소개하면서 논리를 진행하는 것이었다. 바깥 세계의 소란스러움을 차단하고 야간의 정적을 보여주는 실내의 두터운 커튼, 실내임에도 불구하고 모자를 뒤집어쓰고 바른 자세로 앉아 있는 독자, 여백에 뭔가를 적어 넣기 위한 거위날개 펜과 잉크병, 시간의 흐름을 보여주는 모래시계, 영원을 상징하는 메달 따위의 의미를 설명한 다음, 스타이너는 독자적인 자신의 논리를 제시했다. 당시가 아니라 현대에서도 무릇 진지한 독자라면 누워서 손에 드는 페이퍼백(Paperback)이 아니라 제대로 된 초판의, 가능하다면 여백이 넉넉하게 준비된 대형 폴리오판이 바람직할 것이라고 권장했다. 그리고 몇 번이고 다시 읽으면서 여백에 메모나 감상 따위를 끄적거리는 독서를 추천했다. 시간이 흐른 후 거기에 남겨진 마지널리아(Marginalia), 즉 여백에 남겨진 메모와 마주하는 것은 얼마나 소중한 독서 체험이 될 수 있는지를 역설했다.

나는 애서가의 말석에 앉아 있는 사람으로 스타이너의 이 결론에 수긍했지만, 질의응답 시간에는 "그런 독서 방식은 현대에는 맞지 않는다"로 시작되는 반론이 연이어 터져나왔다. 히스텔릭하게 "왜 페이퍼백이면 안 된다는 말이지요?"라고 외치는 소리까지 들려왔다.

페이퍼백(Paperback)**이란?**

그런데 페이퍼백이란 무엇일까? 위키피디아에는 "값싼 종이에 인쇄되며 하드커버처럼 가죽이나 천, 두꺼운 종이 표지를 사용하지 않는 형태의 책을 말한다. 가제본,

페이퍼커버라고도 한다"라고 되어 있으며 "간편한 출판물이며 비용을 절감하기 때문에 접착제로 책등을 붙인 형태나 잡지 등에서 볼 수 있는 스테이플러로 철하는 경우가 많아 하드커버의 양장본보다 저렴하다"라고 제본 방식을 설명하고 있다.

기원은 독일의 인쇄업자, 출판사였던 타우흐니츠(Tauchnitz)에 있다고 하는데, 제1차 세계대전 이전엔 '레클람 문고'로 알려진 독일의 레클람사가 간행한 Universal-Bibliothek이 가장 유명한 시리즈였다. 이외에도 1935년 영국에서 시작된 펭귄북스, 1939년 미국에서 창간된 포켓북스가 사람들에게 애독되었다고 한다. 앞서 살펴본 설명을 보면 '페이퍼백'은 일반적으로 "재질이 좋지 않고 제본이 엉성한 대신 저렴한", 그리고 뭔가 끄적거리고 싶다고 생각해도 메모를 적어 넣을 여백이 거의 없기 때문에 스타이너 같은 독자들은 도저히 사용할 수 없는 책일지도 모르겠다. 하드커버 애호자 중에는 "책의 본질과 관련된 표제지(title paper)가 없는 페이퍼백은 결코 책이라고 부를 수 없다"라고 주장하는 사람도 있을지 모른다. 만약 그렇다면 페이퍼백은 출퇴근용 전철이나 여행 중 한 번 읽고 폐기될 숙명에 있다는 말일지도 모른다. 그러나 이것을 착실히 수집하려는 무리가 과연 없을까? 결코 그렇지 않다. 예컨대 영어권 각지에는 낡은 초판에 광분하는 펭귄북스 컬렉터즈 클럽이라는 조직이 존재한다.

펭귄북스(Penguin Books)는 1935년 앨런 레인(Allan Lane, 1902—1970)이 형제들과 공동으로 설립한 출판사이다. 창간 당시에는 헤밍웨이의『무기여 잘 있거라』등이 염가(6펜스)로 상당히 팔렸기 때문에 '페이퍼백 혁명'을 견인했다는 사실로 널리 알려졌다.

1960년에는 펭귄북스에서 D. H. 로렌스(David Herbert Lawrence)의『채털리 부인의 사랑(Lady Chatterley's Lover)』(초판 1928년)을 출판했다. 이 책은 작가 자신이 예견했던 것처럼 당초부터 대담한 성 묘사가 문제시되었는데, 펭귄북스에서는 무삭제판을 출판하려고 했기 때문에 발매 금지 처분을 당할 위기에 처했지만 재판에서는 승소하여 무죄가 확정되었다.

윌리엄 모리스의 가르침

19세기 출판인으로 여백을 중시한 인물 중 한 사람은 켈름스코트 프레스(Kelmscott Press)라는 출판사를 세운 윌리엄 모리스(William Morris)였다. 그는 1893년, 창립된 지 얼마 되지 않은 런던 서지학회에서 행한 강연에서 그가 생각하는 '이상적인 책'에 대해 열정적으로 토로한 후, 인쇄자가 유의해야할 점은 "여백의 크고 작음과 무관하게, 문자면과의 올바른 안배(proportion)를 유지해야 한다는 사실"이라고 주장하며 대형 사이즈 버전에 반대했다. 2년 후 모리스가 완전한 책에 대해 자신의 설을 언급한 후 여백에 관해 보다 구체적으로 설명하고 있다. 다소 길지만 전문을 인용해보자.

페이지 면에서 판면의 위치에 대해 말해야 할 것이다. 항상 안쪽 여백을 가장 좁게 하고 위쪽〔윗 여백, 머리〕은 약간 넓게, 바깥쪽〔앞마구리 여백〕은 조금 더 넓게, 그리고 아래쪽 여백〔밑 여백〕을 가장 넓게 한다. 중세의 필사본이나 인쇄물 가운데 이런 규칙에서 벗어나는 예는 결단코 없다. 현대의 인쇄업자는 작정하고 위반을 범하고 있다. 따라서 책의 단위가 1페이지만이 아니라, 펼쳤을

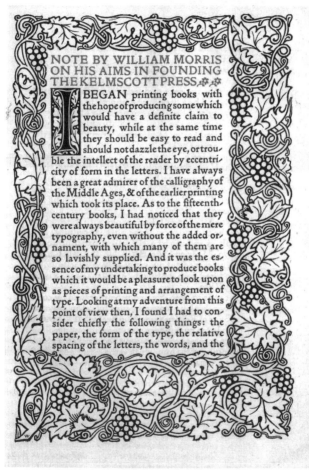

NOTE BY WILLIAM MORRIS
ON HIS AIMS IN FOUNDING
THE KELMSCOTT PRESS.

I BEGAN printing books with the hope of producing some which would have a definite claim to beauty, while at the same time they should be easy to read and should not dazzle the eye, or trouble the intellect of the reader by eccentricity of form in the letters. I have always been a great admirer of the calligraphy of the Middle Ages, & of the earlier printing which took its place. As to the fifteenth century books, I had noticed that they were always beautiful by force of the mere typography, even without the added ornament, with which many of them are so lavishly supplied. And it was the essence of my undertaking to produce books which it would be a pleasure to look upon as pieces of printing and arrangement of type. Looking at my adventure from this point of view then, I found I had to consider chiefly the following things: the paper, the form of the type, the relative spacing of the letters, the words, and the

윌리엄 모리스의 켈름스코트 프레스 설립의 목적 비망록

1890년에 촬영된 모리스(오른쪽)와 에드워드 번 존스, 켈름스코트 프레스에서

때 좌우 양면의 두 페이지가 그에 해당된다는 사실에 저촉되고 있음은 너무도 분명하다. 우리 나라에서 가장 중요한 사립도서관 사서인 친구가 내게 전해준 바에 따르면, 그가 꼼꼼히 조사해본 결과, 중세에는 안쪽 여백이 연이어 20%씩 차이를 두게 하는 규칙이 있었다고 한다. 오늘날 이런 사실, 즉 여백의 분배나 위치는 아름다운 책을 만들어내기 위해 무척 중요한 사항이다.

(헬무트 프레서[Helmut Presser] 지음, 『책의 책(書物の本)』, 호세다이가쿠슛판쿄쿠[法政大学出版局] 1973, p.265)

여기에 언급된 여백의 비율은 훗날 모리스의 법칙이라 불리며 뜻 있는 많은 사람들에게 수용되었다. 서적의 1 페이지를 생각해봤을 때 문자가 배치된 부분을 판면(版

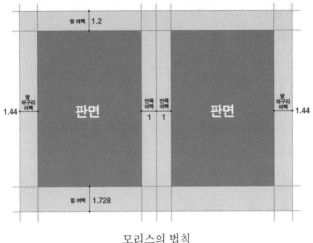

모리스의 법칙

面)이라고 부르는데, 모리스의 법칙에 따르면 판면의 외부 여백은 안쪽 여백, 윗 여백, 앞마구리 여백, 밑 여백 순서로 넓어진다. 구체적으로 여백은 안쪽 여백을 1이라고 하면, 윗 여백이 1.2(1×1.2), 앞마구리 여백이 1.44(1.2×1.2), 밑 여백이 1.728(1.44×1.2)이라는 비율이 된다.

빅토리아조에서 대량생산, 대량 소비된 책을 업신여기고 혐오했던 모리스, 그런 모리스가 만들어낸 켈름스코트 프레스의 출판물을 보면, 평생의 예술 동지 에드워드 번 존스와 함께했던 여백 장식 표제지 등, 무지(無地) 여백에 익숙한 현대 독자들에게는 약간 저항감이 느껴질지도 모른다. 그러나 여백에 장식이 없는 페이지는 아름답다. 주목할 점은 15세기에 캑스턴이 영어로 번역하여 출판한 『황금전설』을 1892년 반(半)네덜란드 장정(표지 가운데 책등 이외의 부분에 네덜란드 종이를 사용하고 책등에는 통상적으로 리본 크로스로 묶는 제본 방식. 책등과 앞뒤 부분의 크로스가 다른데, 네덜란드 종이는 튼튼하기로 유명하다)의 3권 세트로 복각했을 때, 모리스가 일부러 각권에 제본에 대한 지시서를 굳이 별지 형태로 삽입했다는 점이다. 지시서는 "이 책을 제본하려면 페이지의 끝은 가지런히 하고 자르지는 않도록 해주길 바란다"라고 시작되고 있었다. 판면과 균형이 잘 잡힌 아름다운 여백을 보고 있노라면, 정적 속에서 묘한 중세의 음악소리가 들려온다. 말없는 여백의 힘이다.

제2의
구텐베르크
혁명

HUMI 프로젝트

종이책이 전자책에 밀려 마침내 종언을 맞이하는 게 아닐까? 20세기가 끝날 무렵부터 이런 우려가 대두되는 한편, 정보의 디지털화는 그 실험 단계를 가볍게 뛰어넘어 직접 실천되기에 이르렀다. 종이책이 디지털화하는 메리트 중 하나는 수많은 희귀서가 많은 일반인들의 흥미를 끌 가능성이 있다는 점이다.

20세기 말 대영도서관에서 게이오기주쿠대학교 HUMI 프로젝트팀이 '구텐베르크 성서'의 디지털화에 도전했다. 각권 650페이지, 전 2권, 2세트, 도합 2,600페이지의 '구텐베르크 성서' 디지털화는 수많은 사람들의 이목을 집중시켰다. 그 효과도 있었는지 인터넷 접속 건수는 1개월 만에 100만 회에 달했다. 대영도서관 최초의 디지털화 사업이었다. 웹사이트의 화상을 보고 도서관 전시 코너에 직접 찾아오는 내방객도 순식간에 증가했다고 한다.

희귀서 디지털화를 위해서는 아카이브용으로, 바로 위에서 균일한 조명 아래 촬영하는 방법이 있었는데, 이런 기존 방법 이외에 흥미로운 기술이 개발되었다.

19세기 중엽에 시작되는 펄프 종이 인쇄와 달리, 그 이

전의 활판인쇄술에서는 수록지에 습기를 머금게 하고 나서 그 위에 인쇄를 했다. 때문에 인쇄 후 표면에는 형압[凹凸]이 생겨났다. 표면을 균일하게 하려면 공방 내에 둘러쳐놓은 빨랫줄에 널어 적어도 하루는 말린 다음 제본 전 프레스로 누를 필요가 있었는데, 윌리엄 모리스는 이것을 싫어했다. 프레스를 강하게 누르면 평편해진 인쇄면에서 수인(手印) 인쇄의 강력함이 사라지기 때문이다.

게이오기주쿠대학교에 소장된 구텐베르크 성서의 이전 소장자는 에스텔라 도히니 부인이었는데, 인쇄 당시의 상태가 유지되어 제본할 때의 프레스 흔적도 없고 인쇄면의 형압이 도드라졌다. 따라서 HUMI 프로젝트에서는 자잘한 구멍을 뚫은 플라스틱제 받침을 인쇄 페이지의 면 아래에 깔고, 구멍을 통해 진공청소기로 공기를 빨아내어 순간적으로 평면을 유지해 그 상태를 촬영하는 기술을 개발했다. 한편 벌집 형태의 허니콤 그리드(Honeycomb Grid)를 써서, 거의 바로 옆에 가까운 각도에서 펼쳐진 페이지를 촬영해보면, 튀어나오거나 들어간 인압(印壓)이 도드라져서 분명해진다.

정답은 아무도 모른다

1997년 래리 페이지(Larry Page, 1973—)와 세르게이 브린(Sergey Brin, 1973—)이 개발한 구글(Google)의 검색엔진은 World Wide Web 상에서 가장 많이 사용되고 있다. 2005년부터 16년에 걸쳐 진행된 전미작가조합 및 전미출판사협회와의 소송은 Google의 승소로 종지부를 찍었다. 이 문제를 다룬, 18세기 계몽사상 연구자 로버트 단턴(Robert Darnton, 1939—)이 책의 미래를 조망하며 분석을 시도했던 것은 2009년의 일이었다.

최근 4년 동안 구글은 저작권으로 보호받는 수많은 서적을 포함한 수백만 권의 서적을 주요 연구 도서관 장서를 이용해 디지털화했고, 그 본문을 온라인에서 검색 가능하도록 해왔다. 저자나 출판사는 그 행위가 그들이 소유한 저작권을 법적으로 침해한 것으로 간주하고 디지털화에 반대했다. 장기간에 걸친 교섭 끝에 원고 측과 구글 측은 화해하기로 합의했지만, 이것은 가까운 미래에 독자에게 서적을 전달하는 형태에 심대한 영향을 끼칠 것이다. 과연 그 미래란 어떤 것일까?

정답은 아무도 모른다.

(졸역, 「구글과 책의 미래(グーグルと書物の未来)」, 『사상(思想)』

1022호, 2009년 6월, p.174)

이 대목에 있는 것처럼 지금도 여전히 정답은 아무도 모른다. 흥미롭게도 마침 그 무렵 원제 *N'espérez Pas Vous Débarrasser Des Livres*(2009)가 프랑스어판과 영어판으로 출판되었고, 일본 전자서적의 원년으로 일컬어지는 2010년에는 일본어 역, 『이제 곧 멸종된다는 종이책에 대해(もうすぐ絶滅するという紙の書物について)』가 출판되었다(한큐커뮤니케이션즈[阪急コミュニケーション]). 적절한 타이밍에 절묘한 타이틀로 출판된 일본어 번역서는 책의 면지를 포함해 마치 비석을 연상시키는 이미지로 제작되었다. 새카만 장정과 책머리, 앞마구리(책배), 책꼬리(책밑)이 모조리 파랗게 칠해진 외관이 인상적이었다.

안에 담겨진 내용은 움베르토 에코와 장클로드 카리에르(Jean-Claude Carrière, 1931—2021)가 나눈 책에 대한 대담이었다. 두 사람 모두 서구를 대표하는 지성으로, 장클로드 카리에르는 영화 〈프라하의 봄〉(소설 원작 『참을 수 없는 존재의 가벼움』)으로 알려진 각본가이자 작가이다. 책의 띠지에는 "종이책은 결국 전자책에 쫓겨날까?"라고 되어 있었다. 단, 끝까지 읽어보면 결코 시종일관 비관적인 내용만 나오지는 않는다. 대담 코디네이터를 역임한 장 필립 드 토낙의 서문에서, 구텐베르크의 활판인쇄 발명 이후에도 필사본이 제작되었고 판매되었던 것처럼 영화는 회화를 쫓아낼 수 없었고, 텔레비전은 영화를 멸망시킬 수 없었다는 사실이 강조되었다.

도서관 정보학의 견지에서

그렇다면 최근의 경향은 과연 어떨까? 게이오기주쿠대학교에서 도서관 정보학을 전공으로 하는 아가타 마리 (安形麻理) 교수는 구체적인 사례를 들며 다음과 같이 분석해주었다.

• 종이책 총 구입액이 계속 감소하고 있는데 반해, 전자책 판매는 계속 늘어나는 추세이다. 2010년 무렵에는 일본 서적시장 전체(서적 구입 총액)의 3% 정도였는데, 2013년 무렵부터 태블릿이나 스마트폰을 대상으로 한 전자책이 급증했고, 2010년대 후반부터 10%를

초과했다. 2020년도는 코로나로 인한 피해도 있어서 24%(통계에 따라서는 좀 더 높은 비율)를 차지하게 되었다.

- 전자책 판매의 80%는 코믹스이며, 글자로 구성된 것은 10% 남짓, 심지어 그것은 라이트노벨이나 일부 비즈니스 서적·실용서가 중심이다. 일반적인 소설의 전자책 판매액은 지극히 적다는 사실을 알 수 있다(임프레스[Impress] 종합연구소, 『전자책 비즈니스 조사보고서[電子書籍ビジネス調査報告書]』각 연도판에서 발췌)

- 유료 전자책·전자 코믹스를 구입하기보다는 좀 더 많은 사람들이 무료 전자책·전자 코믹스만 읽고 있다는 앙케트 결과에도 그다지 변화가 없다. 전자책을 어디서 읽을까? 실은 ○○집, 자기의 방 등이 가장 많다고 한다.

- 전자서적화에 적극적인 출판사와 그렇지 않은 출판사로 확연히 구분된다. 2017년 국내 출판물 조사를 살펴보면 대형 출판사는 적극적인 경향이 있다. 전체적으로는 36.6%가 전자화되어 있으며 특히 코믹스가 83.2%, 소설은 74.2%로 전자화되는 비율이 높다. 일본어 학술서는 24.6%로 낮다(https://www.jstage.jst.go.jp/article/jslis/65/2/65_84/_article/-char/ja/)〔2022년 12월 27

일 열람])

- 소설은 전자서적화가 상당히 진행되고 있는데, 판매 총액은 낮다. 소설을 구매하는 독자는 종이책을 더 선호한다는 이야기일지도 모른다. 단, 코로나 사태의 영향 중 하나로, 본인 작품의 전자서적화를 결단코 반대였던 베스트셀러 작가가 전자서적화를 비로소 허가하는 사태도 발생했기 때문에, 금후 소설을 전자서적판으로 읽는 비율이 다소 높아질 가능성이 있다.

- 저작권 보호 기간이 만료된 퍼블릭 도메인 자료의 디지털화는 이전보다 훨씬 급속히 진행되고 있는 것으로 추정된다. 귀중서의 공개나 이용, 활용 현황에 관한 토론과 실행도 활발히 추진 중이다. HUMI 프로젝트 초기에는 도서관 측이 '부정' 이용을 걱정해 데이터 공개에 신중했고, 이용자 측에서도 고속·대용량 인터넷 회선으로의 상시 접속이 보급되지 않았다. 그러나 상시 접속이 용이해졌고 공개 이념이 폭넓게 공유되기에 이르렀다.

- 2014년 교토 부립 종합자료관(현 교토 부립 교토학·역채관[京都府立京都学·歴彩館])이 도지햐쿠고 문서(東寺百合文書, 도지[東寺] 장원[莊園]에 관한 8세기부터 18세기까지의 약

2만 5,000개의 문서)의 디지털 화상과 목록 데이터 공개에 앞서, 종합자료관에 소장되어 있음을 보여주면 자유롭게 공개할 수 있는 크리에이티브 커먼스(Creative Commons) 표시2.1 일본 라이센스(CC BY2.1 JP ; https://creativecommons.org/licenses/by/2.1/jp〔2022년 12월 27일 열람〕)를 선택했던 것은 획기적이었다. CC0(작가의 저작권을 포함해 대부분의 권리를 포기하고 퍼블릭 도메인으로 공여를 선언하는 법적 툴)이나 Rights Statements(RS)로 권리 상태를 표시하는 방식을 채용한 사례도 있다.

• 브로드밴드가 보급되었다고 해도 실은 도시 부분에 한정된 경우거나(미국 농촌 부분에서는 30%의 가정이 브로드밴드에 미접속 상태라는 조사도 있다), 빈곤층에는 해당 사항이 없다는 것이 문제이다. 정부 주도로 해결 방안이 강구되기를 기대하고 싶다. 무릇 공공도서관이란 모든 사람들에게 정보 접근이 가능한 거점이 되어야 한다. 이런 문제의식이 널리 공유되는 영미에서는 이동도서관이 책뿐 아니라 컴퓨터나 Wi-Fi 공유기를 쌓아놓고 이동하는 경우도 있다.

역사가 말해주고 있듯, 분서갱유 같은 사건이 일어나

면 책은 불에 태워지고 훼손될 운명에 놓인다. 16세기 전반 영국국교회를 수립한 헨리 8세는 '미신과 깊이 연루된 책'을 소유하거나 제작하지 말도록 금지시켰기 때문에 가톨릭교회에서 사용되어왔던 미사전례서 필사본은 불태워지거나 폐기되었다. 앞에서 상정(想定)한 이외의 사태는 두 번 다시 오지 않을까? 만약 그렇다면 금후 세계를 내달릴 정보는 전자책으로 향유되고, 종래처럼 손의 감촉이나 잉크 내음을 애틋하게 느낄 독자는 종이책을 읽을 것으로 예상된다. 그러므로 양자는 공존할 것이다.

장 필립 드 토낙은 "우리가 문화라고 부르고 있는 것은, 기실은 취사선택으로 구성된 오랜 프로세스 과정에서 초래된 것"이라고 말한다. 현대의 독자는 이 말을 어떻게 받아들일까?

장서표(藏書票)가 말해주는 책의 역사

*Architectural History of the University of Cambridge
and of the Colleges of Cambridge and Eton*으로 알려진
케임브리지대학교 트리니티 칼리지의 존 윌리스 클라크
(John Willis Clark)는 1900년 케임브리지대학교 샌더스 리
더(Sandars Reader)에 선출되어 서지학 강좌를 담당했다.
다음 책은 그 내용이 수록된 것이다. 영국 고서점과의 관
계도 반세기가 넘는데, 내가 모은 책들 중에서도 애착을
가진 한 권을 여기서 소개하고자 한다.

John Willis Clark, *The Care of Books: An Essay on
the Development of Libraries and their Fittings, from
the Earliest Times to the End of the Eighteenth Cen-
tury*, 2nd ed., Cambridge: Cambridge University
Press, 1902

143페이지에서도 소개했던 이 책을 일본어로 번역하
면『책의 관리─도서관과 그 장비품의 발전에 관한 에세

이, 가장 오래된 예로부터 18세기 말까지』가 된다. 유럽 각지에 있는 도서관들의 역사적 정보를 150여 점의 그림이 포함된 형태로 소개하고 있으며, 현재도 많은 사람들에게 읽히고 있다. 소형 폴리오판으로 색인 포함 352페이지, 검정색 크로스 장정이다.

내가 소장한 책의 면지에는 3명의 저명 소장자의 장서표나 북라벨이 붙어 있다. 가장 오래된 것은 중앙에 붙어 있는 애런덜과 캐서린 에스데일 부부의 약간 큰 장서표이며 그리스어 금언이 인쇄되어 있다. 애런덜 에스데일(Arundel Esdaile, 1880—1956)은 대영박물관 사무국장, 도서관협회 회장을 역임했다. 1912년 출판된 *A List of English Tales and Prose Romances Printed Before 1740*은 훗날 복각이 되기도 했다. 1926년에는 샌더스 리더로 강연했고 2년 후 *The Sources of English Literature: A Bibliographical Guide for Students, Sandars Lectures 1926* 을 케임브리지대학교 출판국에서 출판, 그다음 해에는 정정판을 냈다. 일본에서는 마루젠이 판매를 맡았으며, 일본의 영문학자들이 즐겨 사용했다. 그는 1939년 리버풀대학교로부터 명예학위를 받았고 1952년에는 대영제국 3등 훈장을 받았다.

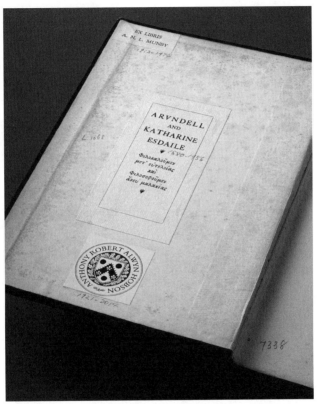

면지에 3명의 저명한 서지학자 에스데일(Esdaile), 먼비(Munby), 홉슨(Hobson)의 장서표가 보인다. 저자인 클라크를 포함해 전원이 케임브리지대학교의 샌더스(Sandars) 서지학 강좌의 리더였다.

면지 상단의 북라벨에는 A. N. L. 먼비(Alan Noel Latimer Munby, 1913—1974)의 이름이 보인다. 19세기 중세 필사본 수집가 토머스 필립스 경(Sir Thomas Phillipps)에 관한 다섯 권짜리 주 저서 외에 서지학이나 애서 취향 관련 저술서를 남겼다. 제2차 세계대전 중 독일에 억류되었을 당시에 쓴 괴기소설 『앨러배스터 핸드(アラバスターの手, The Alabaster Hand)』(고쿠쇼칸코카이[国書刊行会], 2020)도 인기가 있다. 해당 방면의 선배인 몬터규 로즈 제임스(Montague Rhodes James)가 소속된 케임브리지대학교 킹스 칼리지 도서관장이라는 요직에 있었는데, 내가 유학하기 반년 전인 1974년 12월 갑자기 세상을 떠났다. 그의 업적을 기리며 다윈 칼리지에는 먼비 펠로십이 설립되었고 소소하지만 나도 얼마간 기부에 동참했다.

면지 아랫부분에는 앤서니 로버트 알윈 홉슨(Anthony Robert Alwyn Hobson, 1921—2014)의 문장이 들어 있는 블랙라벨이 붙어 있다. 옥스퍼드대학교 출신의 홉슨은 초기 제본 연구로 명망이 높았고, 소더비를 매수한 G. D. 홉슨의 아들로 오랜 기간 소더비의 도서부장을 역임했다. 국제 애서가협회 회장 자격으로 일본을 방문한 적도 있다. 프랑스어와 이탈리아어를 유창하게 구사하고 몸짓이나 행동거지가 영국 신사의 귀감이 될 만한 인물이었다. 그는 이 책의 카피가 시장에 나오자 해당 목록을 잘라 끼워 넣어두는 꼼꼼함까지 갖추고 있었다.

이 책은 제임스 퍼거슨 고서 목록에 나온 것을 75파운드를 주고 입수했다.

마치며

진보초(神保町)에서의 고서 체험은 아버지가 나를 데리고 가주셨던 12살 때부터 시작됩니다. 대학원생 시절엔 오쇼도쇼텐(雄松堂書店)에서 가죽 장정의 서양 고서를 난생 처음 보았고, 그 아름다움에 매료당했습니다. 31세에 케임브리지대학교로 유학을 갔던 3년간, 그 도시의 크고 작은 여섯 곳의 고서점에 푹 빠져 지냈습니다.

그곳 애서가 클럽에서 만났던 동시대 인물들과는 지금도 교류하고 있습니다. 필립 개스켈(Philip Gaskell) 박사는 서지학 세미나에서 "눈을 단련시키라(Train your eyes)"를 연발하셨습니다. 그것을 계기로 나는 대학도서관 귀중서실을 출입하기 시작했고 대영도서관이나 보들리 도서관에도 부지런히 들락거렸습니다. 이런 경험을 통해 언젠가 서양 책의 역사를 개관해보는 책을 집필해보겠노라는 꿈을 꾸며 반세기를 보냈습니다.

여러분이 지금 손에 들고 계시는 이 책은 이런 과정을 거쳐 세상의 빛을 보게 되었습니다. 그사이에 수많은 선행 연구에 자극받으며 국내외 일류 연구자들과 교류를 이어갔습니다. 1986년에는 아마도 일본인으로는 최초로 FSA(런던 호고가협회 펠로)에 선발되었고, 2017년에는 케임브리지대학교의 샌더스 서지학 강좌 리더로 강연했습니다. 이 책의 칼럼에서 다루었던 존 윌리스 클라크를 비롯해, 그의 책을 펼치고 장서표를 남겼던 세 사람도 이 리더(상급 강사와 교수 사이에 있는 직위)였습니다.

인생의 가을을 맞이한 나는, 아무쪼록 젊은 독자 분들도 이 책을 읽었으면 합니다. 예를 들어 도서관이나 서점에서 발견한 서양서 책등에 인쇄된 타이틀이 위에서부터, 혹은 아래에서부터 표기되어 있다는 사실을 알아차린 여러분이라면, 혹은 어째서 프랑스 책의 목차는 말미에 있는지 관심을 가지시는 여러분이라면 이 책을 통해 뭔가를 얻을 수 있을지도 모릅니다.

2023년 1월
다카미야 도시유키

참고문헌

- 일본어 문헌과 외국어 문헌으로 나누어 적는다. 외국어 문헌의 일본어 번역서가 있을 경우, 원저에 이어서 적었다.
- 사전류는 생략했다.
- 출판지가 도쿄인 경우는 생략했다.

| 일본어 문헌

- 이케다 야사부로(池田彌三郎, 편집대표) 『문학과 인간의 언어(文学と人間の言語)』 게이오기주쿠미타분가쿠라이브러리(慶應義塾三田文学ライブラリー), 1974

- 다이코쿠 슌지(大黒俊二) 『소리와 문자(声と文字)』 이와나미쇼텐(岩波書店), 2010

- 시부카와 마사토시(澁川雅俊) 『목록의 역사(目録の歴史)』 게이소쇼보(勁草書房), 1985

- 시미즈 가즈요시(清水一嘉) 『영국 근대 출판의 양상(イギリス近代出版の諸相)』 세카이시소샤(世界思想社), 1999

- 주가쿠 분쇼(寿岳文章) 『책의 세계 결정판(書物の世界 定版)』 슛판뉴스샤(出版ニュース社), 1973

  『도설 책의 역사(図説 本の歴史)』 니혼에디터즈스쿨슛판부(日本エディタースクール出版部), 1982

- 쇼지 센스이(庄司浅水) 『책·책의 세계(本·本の世界)』 마이니치신분샤(毎日新聞社), 1970

- 다카미야 도시유키(高宮利行) 『서양 서지학 입문(西洋書物学事始め)』 세이도샤(青土社), 1993

  『애서가의 연륜(愛書家の年輪)』 도쇼슛판샤(図書出版社), 1994

『구텐베르크의 수수께끼(グーテンベルクの謎)』 이와나미쇼텐(岩波書店), 1998

『책의 세계는 이상한 세계(本の世界はへんな世界)』 유쇼도쇼텐(雄松堂書店), 2012

『책에 매료된 기인들(書物に魅せられた奇人たち)』 벤세이슛판(勉誠出版), 2021

하라다 노리유키(原田範行) 공저 『도설 책과 사람의 역사 사전(図説 本と人の歴史事典)』 가시와쇼보(柏書房), 1997

마쓰다 다카미(松田隆美) 공편 『중세 영문학 입문(中世イギリス文学入門)』 유쇼도슛판(雄松堂出版), 2008

- 도미타 슈지(富田修二) 『구텐베르크 성서의 행선지(グーテンベルク聖書の行方)』 도쇼슛판샤(図書出版社),1992
- 나가사와 기쿠야(長澤規矩也) 『서지학 서설(書誌学序説)』 요시카와코분칸(吉川弘文館), 1960
- 마쓰다 다카미(松田隆美), 하라다 노리유키(原田範行), 다카하시 이사무(高橋勇) 편저 『중세주의를 넘어서(中世主義を越えて)』 게이오기주쿠다이가쿠슛판카이(慶應義塾大学出版会), 2009
- 미나미카와 다카시(南川高志) 『증보신판 바다 저편의 로마제국(増補新版 海のかなたのローマ帝国)』 이와나미쇼텐(岩波書店), 2015
- 미노와 시게오(箕輪成男) 『종이와 양피지·필사본의 사회사(紙と羊皮紙·写本の社会史)』 슛판뉴스샤(出版ニュース社), 2004
- 미야시타 시로(宮下志郎) 『책의 도시 리용(本の都市リヨン)』 쇼분샤(晶文社), 1989
- 야기 겐지(八木健治) 『양피지의 세계(羊皮紙の世界)』 이와나미쇼텐(岩波書店), 2022
- 야기 사키치(八木佐吉) 『도서 왕래(書物往来)』 도호쇼보(東峰書房), 1975
- 『대영박물관「아시리아 대문명전-예술과 제국」(大英博物館「アッシリア大文明展−芸術と帝国」)』 아사히신분샤 문화기획국 도쿄기획부(朝日新聞社文化企画局東京企画部) 1996

II 외국어 문헌과 번역

- Adams, Henry, *Mont-Saint-Michel and Chartres*, with an introduction of Ralph Adams Cram, Boston and New York: Houghton Mifflin, 1904, eighteenth inpression, 1928/헨리 애덤스 『몽생미셸과 샤르트르 (モン·サン·ミシェルとシャルトル)』 노지마 히데카쓰(野島秀勝) 번역, 호세이다 이가쿠슛판쿄쿠(法政大学出版局), 2004

- Alexander, Michael, *Medievalism: The Middle Ages in Modern England*, New Haven and London: Yale University Press. 2007 / 마이클 알렉산더 『영국 근대의 중세주의(イギリス近代の中世主義)』 노타니 게이지(野谷啓二), 하쿠스이샤(白水社), 2020

- Anderson, Glenn A., 'The Emergence of the Book'. *College&Research Libraries*, v. 49, n. 2, 1988, pp.111-116

- Anstruther, Ian, *The Knight and the Umbrella: An Account of the Eglinton Tournament 1839*, London: Geoffrey Bles, 1963

- Armas, Armando, *Public Libraries and the Wealth of Nations: Biblioeconomy of the Philippines,* Pangasinan: Manaoag Research House, 2008

- Arnett, John Andrews, *Bibliopegia, or The Art of Bookbinding in All Its Branches,* London: R. Groombridge, 1835

- Ball, Douglas, *Victorian Publishers'Bindings,* London: Library Association, 1985 Barker, Nicolas *et al, Treasures of the British Library,* London: British Library, 1988 / 니콜라스 바커, 대영도서관 전문 스태프(공동 집필) 『대영도서관(大英図書館)』 다카미야 도시유키(高宮利行) 번역 감수, 마쓰다 다카미(松田隆美) 외 번역, 뮤지엄토쇼(ミュージアム図書), 1996

  The Roxburghe Club: A Bicentenary History, London: Roxburghe Club, 2012

- Baudin, Fernand *et al, The Book Through Five Thousand Years: A Survey,* Hendrik D. L. Vervliet(ed.), with an introduction by Herman Liebaers & an afterword by Ruari McLean, London and New York: Phaidon, 1972

- Beckwith, Alice H. R. H., *Victorian Bibliomania: The Illuminated Book in 19th-Century Britain,* Providence: Museum of Art, Rhode Island School of Design, 1987

- Blake, N. F., *Caxton and His World,* London: Andre Deutsch, 1969
  Caxton's Own Prose, London: Andre Deutsch, 1975
  Caxton: England's First Publisher, London: Osprey, 1976
  William Caxton and English Literary Culture. London and Rio Grande, Ohio: Hambledon Press, 1991

- Brewer, Derek S., 'The Hoole Book', *in Essays on Malory,* J. A. W. Bennett (ed.), Oxford: Clarendon Press, 1963, pp.41-63

- Bromer, Anne C., and Edison, Julian I., *Miniature Books: 4000 Years of Tiny Treasures,* New York: Abrams, in association with the Grolier Club, New York, 2006

- Bühler. Curt F., 'An Unusual Fifteenth-Century Manuscript', *La Bibliofilía,* vol. 42, no. 1/3, 1940, pp.65-71
  The Fifteenth-Century Book: The Scribes, the Printers, the Decorators, Philadelphia: University of Pennsylvania Press, 1960

- Cantor, Norman F., *Inventing the Middle Ages: The Lives, Works, and Ideas of the Great Medievalists of the Twentieth Century,* Cambridge: Lutterworth Press, 1992/ 노만 칸터 『중세의 발견(中世の発見)』 아사쿠라 분이치(朝倉文市), 요코야마 다케미(横山竹己), 우메쓰 노리타카(梅津教孝) 번역, 호세이다이가쿠슛판쿄쿠(法政大学出版局), 2007

- Carruthers, Mary, *The Book of Memory: A Study of Memory in Medieval Culture,* Cambridge: Cambridge University Press, 1990/ 메리 캐러더스 『기억술과 도서(記憶術と書物)』 벳쿠 사다노리(別宮貞徳) 번역 감수, 고사쿠샤(工作舍), 1997

- Carter, John, *John Carter's ABC for Book Collectors*, ninth edition, illustrated, revised by Nicolas Barker and Simran Thadani, New Castle, Del.: Oak Knoll, 2016/ 존 카터 『서양 서지학 입문(西洋書誌学入門)』(니콜라스 바커 개정판 제6판) 요코야마 지아키(横山千晶) 번역, 도쇼슛판샤(図書出版社), 1994

- Carter, John, and Muir, Percy H. et al. (eds.), *Printing and the Mind of*

Man: The Impact of Print on Five Centuries of Western Civilization, London: Cassell, 1967/

· 존 카터, 퍼시 뮤어 편 『서양을 구축한 책(西洋をきずいた書物)』 서양서지연구회(西洋書誌研究会) 번역, 오쇼도쇼텐(雄松堂書店), 1977

　　　(eds.), *Printing and the Mind of Man: The Impact of Print on Five Centuries of Western Civilization,* second edition, revised and enlarged, Munich: Karl Pressler, 1983

· Cavallo, Guglielmo, and Chartier, Roger (eds.), *Histoire de la Lecture dans le Monde Occidental,* Paris: Éditions Du Seuil, 1997/로제 샤르티에, 굴리엘모 카발로 (편) 『읽는다는 것의 역사(読むことの歴史)』 다무라 다케시(田村毅), 가타야마 히데오(片山英男), 쓰키무라 다쓰오(月村辰雄), 오노 에이지로(大野英二郎), 우라 가즈아키(浦一章), 히라노 다카유키(平野隆文), 요코야마 아유미(横山安由美) 번역, 다이슈칸쇼텐(大修館書店), 2000

· Chambers, E. K., *The History and Motives of Literary Forgeries: Being the Chancellor's English Essay for 1891,* Oxford and London: Blackwell and Simpkin, Marshall&Co, 1891

· Chandelier, Alice, *A Dream of Order: The Medieval Ideal in Nineteenth-Century English Literature,* Lincoln: University of Nebraska Press, 1970/앨리스 챈들러 『중세를 꿈꾼 사람들(中世を夢みた人々)』 다카미야 도시유키(高宮利行) 번역 감수, 게이오기주쿠대학교 다카미야 연구회 번역, 겐큐샤슛판(研究社出版), 1994

· Chartier, Roger (ed.), *Pratiques de la Lecture,* Paris: Rivages, 1985/ 로제 샤르티에 편 『책에서 독서로(書物から読書へ)』 미즈바야시 아키라(水林章), 이즈미 도시아키(泉利明), 쓰유자키 도시카즈(露崎俊和) 번역, 미스즈쇼보(みすず書房), 1992

　　Cultural History: Between Practice and Representations, Lydia G. Cochrane (tr.), Cambridge: Polity Press in association with Blackwell, 1988/ 로제 샤르티에 『독서의 문화사(読書の文化史)』 후쿠이 노리히코(福井憲彦) 번역, 신요샤(新曜社), 1992

　　Lectures et Lecteurs, dans la France d'Ancien Régime, Paris: Éditions Du Seuil, 1987/ 로제 샤르티에 『독서와 독자(読書と読者)』 하세가와 데

　　루오(長谷川輝夫), 미야시타 시로(宮下志朗) 번역, 미스즈쇼보(みすず書房),
　　1994

- Chaytor, H. J., *From Script to Print: An Introduction to Medievel Vernan-cular Literature*, Cambridge: Cambridge University Press, 1945

- Clark, John Wills, *The Care of Books: An Essay on the Development of Li-braries and their Fittings, from the Earliest Times to the End of the Eigh-teenth Cenruty*, second edition, Cambridge: Cambridge University Press, 1901

- Clemens, Raymond, Ducharme, Diane, and Ulrich, Emily (eds.), *A Gathering of Medieval English Manuscripts: The Takamiya Collection at the Beinecke Library*, New Haven: Beinecke Rare Book&Manuscript Library, Yale University, 2017

- Collins, A. S., *Authorship in the Days of Johnson: Being a Study of the Re-lation between Author, Patron, Publisher, and Public, 1726-1780*, London: Robert Holden, 1927/A.S.콜린스 『18세기 영국 출판문화사(十八世紀イギリス出版文化史)』 아오키 겐(青木健), 에노모토 히로시(榎本洋) 번역, 사이류샤(彩流社), 1994

- Cowtan, Robert, *Memories of the British Museum*, London: R. Bentley, 1872

- Crook, J. Mordaunt, *William Burges and the High Victorian Dream*, Lon-don: John Murray, 1981

- Darnton, Robert, *The Literary Underground of the Old Regime*, Cam-bridge, Mass.: Harvard University Press, 1982/ 로버트 단튼 『혁명 전야의 지하 출판(革命前夜の地下出版)』 세키네 모토코(関根素子), 니노미야 히로유키(二宮宏之) 번역, 이와나미 쇼텐(岩波書店), 2000

　　'Google&the Future of Books', *The New York Review*, Feb. 12, 2009/ 로버트 단튼 「구글과 책의 미래(グーグルと書物の未来)」, 다카미야 도시유키(高宮利行) 번역, 『사상(思想)』 1022호, 2009, pp.173-185

- De Bury, Richard, *The Love of Books: The Philobiblon of Richard de Bury*, E. C. Thomas(tr.), London: Alexander Morning, 1902/ 리처드 드 베리 『필로비블론 책에 대한 사랑(フィロビブロン)』 후루타 교(古田暁) 번역,

오사카포룸가로숏판부(大阪フォルム画廊出版部), 1972

- De Hamel, Christoper, *A History of Illuminated Manuscripts,* Oxford: Phaidon, 1986; second edition, revised and enlarged, 1994

  Making Medieval Manuscripts, Oxford: Bodleian Library, University of Oxford, 2018/크리스토퍼 드 하멜 『중세 필사본이 완성되기까지(中世の写本ができるまで)』 가토 마스에(加藤磨珠枝) 감수, 다테이시 미쓰코(立石光子) 번역, 하쿠스이샤(白水社), 2021
- De Ricci, Seymour, *English Collectors of Books and Manuscripts*(1530-1930) *and Their Marks of Ownership,* Cambridge: Cambridge University Press, 1930
- Destrez, Jean, *La <<Pecia>> dans les Manuscripts Universitaires du XIII*^{e} *et du XIV*^{e} *Siècle,* Paris: Éditions Jacques Vautrain, 1935
- Dibdin, Thomas Frognall, *Bibliomania, or Book Madness: A Bibliographical Romance, in Six Parts,* London, 1811

  Supplement to the Bibliotheca Spenceriana, London, 1822

  Reminiscences of a Literary Life, 2 vols., London, 1836
- Duff, E. Gordon, *William Caxton,* Chicago: Caxton Club, 1905
- Eco, Umberto, *Il Nome della Rosa,* Milano: Bompiani, 1980/ 움베르토 에코 『장미의 이름(薔薇の名前)』 가와시마 히데아키(河島英昭) 번역, 도쿄소겐샤(東京創元社), 1990
- Eco, Umberto, and Carrière, Jean-Claude, *N'espérez Pas Vous Débarrasser des Liveres,* Paris: Le Livre de Poche, 2009/움베르토 에코, 장클로드 카리에르 『이제 곧 멸종된다는 종이책에 대해(もうすぐ絶滅するという紙の書物について)』 구도 다에코(工藤妙子) 번역, 한큐커뮤니케이션즈(阪急コミュニケーション), 2010
- Eisenstein, Elizabeth L., *The Printing Revolution in Early Modern Europe,* Cambridge: Cambridge University Press, 1983/엘리자베스 아이젠슈타인 『인쇄 혁명(印刷革命)』 벳쿠 사다노리(別宮貞徳) 번역 감수, 오가와 아키코(小川昭子), 야모토 기요미(家本清美), 마쓰오카 나오코(松岡直子), 이와쿠라 게이코(岩倉桂子), 구니마쓰 유키코(国松幸子) 번역, 미스즈쇼보(みすず書房), 1987

- Fairbank, Alfred J., *The Story of Handwriting: Origins and Development*, London: Faver, 1970
- Feather, John, *A History of British Publishing*, second edition, London: Routledge, 2006/존 페더 『영국 출판사(イギリス出版史)』 미노와 시게오(箕輪成男) 번역, 다마가와다이가쿠슟판부(玉川大学出版部), 1991
- Febvre, Lucien, and Martin, Henri-Jean, *L'Apparition du Livre*, Paris: Albin Michel, 1971/뤼시앵 페브르, 앙리 장 마르탱 『책의 탄생(書物の出現)』전 2권, 세키네 모토코(関根素子), 하세가와 데루오(長谷川輝夫), 미야시타 시로(宮下志朗), 쓰키무라 다쓰오(月村辰雄) 번역, 지쿠마쇼보(筑摩書房), 1985
- Gaines, Barry, 'A Forgotten Artist: John Harris and the Rylands Copy of Caxton's Edition of Malory', *Bulletin of the John Rylands Library* 52(1), 1969, pp.115-128
- Gaskell, Philip, *A New Introduction to Bibliography*, Oxford: Clarendon Press, 1972
- Gekoski, Rick, *Tolkein's Gown&Other Stories of Great Authors and Rare Books*, London: Constable, 2004/ 릭 게코스키 『톨킨스 가운(トールキンのガウン)』 다카미야 도시유키(高宮利行) 번역, 하야카와쇼보(早川書房), 2008
- Giraldus Cambrensis, *Topographia Hibernica, et Expugnatio Hibernica*, James F. Dimock (ed.), London: Longmans, Green, Reader and Dyer, 1867/ 기랄두스 캄브렌시스 『아일랜드 정복사(アイルランド地誌)』 아리미쓰 히데유키(有光秀行) 번역, 세이도샤(青土社), 1996
- Girouard, Mark, *The Return to Camelot: Chivalry and the English Gentleman*, New Haven: Yale University Press, 1981/마크 기로워드 『기사도와 젠틀맨(騎士道とジェントルマン)』 다카미야 도시유키(高宮利行), 후와 유리(不破有理) 번역, 산세이도(三省堂), 1986
- Glaister, Geoffrey Ashall, *Encyclopedia of the Book*, revised edition of *Glossary of the Book*, 1979, with a new introduction by Donald Farren, New Castle, Del.: Oak Knoll, and London: British Library, 1996
- Gordan, Phyllis Walter Goodhart (tr.), *Two Renaissance Book Hunters: The Letters of Poqquis Bracciolini to Nicolaus de Niccolis*, New York: Columbia University Press, 1974

- Grafton, Anthony, Shelford, April, and Siraisi, Nancy, *New Worlds, Ancient Texts: The Power of Tradition and the Shock of Discovery,* Cambridge, Mass.: Belknap Press of Harvard University Press, 1995

- Griffiths, Jeremy and Pearsall, Derek (eds.), *Book Production and Publishing in Britain 1375-1475,* Cambridge: Cambridge University Press, 1989

- Havelock, Eric A., *The Literate Revolution in Greece and Its Cultural Consequences,* Princeton University Press, 1982

- Hellinga, Lotte, *Caxton in Focus: The Beginning of Printing in England,* London: British Library, 1982/ 로테 헤링가 『캑스턴 인쇄의 수수께끼(キャクストン印刷の謎)』 다카미야 도시유키(高宮利行) 번역, 유쇼도슛판(雄松堂出版), 1991

    William Caxton and Early Printing in England, London: British Library, 2010/ 로테 헤링가 『초기 영국 인쇄사(初期イングランド印刷史)』 다카미야 도시유키(高宮利行) 감수, 도쿠나가 사토코(德永聡子) 번역, 유쇼도쇼텐(雄松堂書店), 2013

- Henderson, Philip, *William Morris: His Life, Work and Friends,* London: Thames and Hudson, 1967/ 필립 핸더슨 『윌리엄 모리스 전기(ウィリアム・モリス伝)』, 가와바타 야스오(川端康雄), 시다 히토시(志田均), 나가에 아쓰시(永江敦) 번역, 쇼분샤(晶文社), 1990

- Hobson, Anthony, *Great Libraries,* London: Weidenfeld&Nicolson, 1970

- Holiday, Peter, Edward Johnston: *Master Calligrapher,* London: British Library, 2007

- Humphreys, Henry Noel, *The Origin and Progress of the Art of Writing,* London: Ingram, Cooke, 1853, second edition, Day&Son, 1855, in papier-mâchébinding

- Husbands, Shayne, *The Early Roxburghe Club 1812-1835: Book Club Pioneers and the Advancement of English Literature,* London and New York: Anthem Press, 2017

- Johnston, Arthur, *Enchanted Ground: the Study of Medieval Romance in the Eighteenth Century,* London: Athlone, 1964

- Johnston, Edward, *Writing & Illuminating & Lettering,* sixteenth edition, London: Pitman, 1929/ 에드워드 존스턴『필기법·장식법·문자 조형(書字法·裝飾法·文字造形)』도야마 유미(遠山由美) 번역, 로분도(朗文堂), 2005

- Joni, Icilio Federico, *Le Memorie di un Pittore di Quadri Antichi,* Firenze: Stianti, 1932/ *Affairs of a Painter,* London: Faber and Faber, 1936

- Kapr, Albert, *Johann Gutenberg: The Man and His Invention,* third revised edition, 1996, translated from the German by Douglas Martin, Aldershot: Scolar Press, 1996

- Knight, Stan, *Historical Scripts: From Classical Times to the Renaissance,* second edition revised and expanded, New Castle, Del.: Oak Knoll, 1998/ 스탠 나이트『서양 서체의 역사(西洋書体の歴史)』다카미야 도시유키(高宮利行) 번역, 게이오기주쿠다이가쿠슛판카이(慶應義塾大学出版会), 2001

  Historical Types: From Gutenberg to Ashendene, New Castle, Del.: Oak Knoll, 2012/ 스탠 나이트『서양 활자의 역사(西洋活字の歴史)』다카미야 도시유키(高宮利行) 감수, 아가타 마리(安形麻理) 번역, 게이오기주쿠다이가쿠슛판카이(慶應義塾大学出版会), 2014

- Lacroix, Paul, Moeurs, *Usages et Costumes au Moyen Age et a l'Epoque de la Renaissance,* Paris: Firmin Didot, 1871

- Lehmann-Haupt, Hellmut, *Peter Schoeffer of Gersheim and Mainz,* Rochester, N.Y.: Leo Hart, 1950

- Lovett, Patricia, *The Art and History of Calligraphy,* 2017, new edition, London: British Library, 2020/ 퍼트리샤 로벳『캘리그러피의 모든 것(カリグラフィーのすべて)』다카미야 도시유키(高宮利行) 감수, 아가타 마리(安形麻理) 번역, 그래픽샤(グラフィック社), 2022

- Lowry, Martin, *The World of Aldus Manutius: Business and Scholarship in Renaissance Venice,* Ithaca N.Y.: Cornell University Press, 1979

- Manguel, Alberto, *A history of Reading*, New York: Viking, 1996/알베르토 망구엘『독서의 역사(読書の歴史)』하라다 노리유키(原田範行) 번역, 가시와쇼보(柏書房), 1999, 개정판, 2013

- McLean, Ruari, *Victorian Publishers' Book-Bindings in Cloth and Leather,*

London: Gordon Fraser, 1974

- McLuhan. Marshall, *The Gutenberg Galaxy: The Making of Typographic Man,* Toronto: University of Toronto Press, 1962/ 마셜 맥루한『구텐베르크 은하계(グーテンベルクの銀河系)』, 모리 조지(森常治) 번역, 미스즈쇼보(みすず書房), 1986

- Meehan, Bernard, *The Book of Kells: An Illustrated Introduction to the Manuscript in Trinity College Dublin,* London: Thames and Hudson, 1994/버나드 미한『켈스의 서(ケルズの書) 쓰루오카 마유미(鶴岡真弓) 번역, 이와나미쇼텐(岩波書店), 2015

- Moran, James, *Printing Presses: History and Development from the Fifteenth Century to Modern Times,* London: Faber and Faber, 1973

- Müller, Lothar, *Weiße Magie: Die Epoche des Papiers,* Munich: Carl Hanser, 2012/ 로타어 뮐러『종이 : 하얀 마법 종이의 시대(メディアとしての紙の文化史)』미타니 다케시(三谷武司) 번역, 도요쇼린(東洋書林), 2013

- Naveh, Joseph, *Early History of the Alphabet: An Introduction to West semitic Epigraphy and Palaeography,* 1982, second revised edition, Jerusalem: Magnes Press, Hebrew University, 1987/ 조셉 나베『초기 알파벳의 역사(初期アルファベットの歴史)』쓰무라 도시오(津村俊夫), 다케우치 시게오(竹内茂夫), 이나가키 히사코(稲垣緋紗子) 번역, 호세다이가쿠슛판쿄쿠(法政大学出版局), 2000

- Needham, Paul, *Twelve Centuries of Bookbindings, 400-1600,* New York: Pierpont Morgan Library, Oxford University Press, 1979

- Olmert, Michel, *The Smithsonian Book of Books,* Washington, D.C.: Smithsonian Books, 1992

- Ong, Walter J., *The Presence of the Word,* New Haven: Yale University Press, 1967,

    Orality and Literacy: The Technologizing of the Word, London: Methuen, 1982/ 월터 잭슨 옹,『소리의 문화와 문자의 문화(声の文化と文字の文化)』사쿠라이 나오후미(桜井直文), 하야시 마사히로(林正寛), 가스야 게이스케(糟谷啓介) 번역, 후지와라쇼텐(藤原書店), 1991

- Oswald, J. C., *A History of Printing: Its Development through Five Hun-*

dred Years, 1928/ J. C. 오스왈드 『서양 인쇄 문화사(西洋印刷文化史)』 다마키 하지메(玉城肇) 번역, 고분소(弘文荘) 1934; 복각 교토(京都):린센쇼텐(臨川書店), 1984

- Painter, George D., *William Caxton: A Quincentenary Biography of England's First Printer,* London: Chatto&Windus, 1976
- Pearson, David, *Books as History: The Importance of Books beyond Their Texts,* 2008, revised edition, London and New Castle, Del.: British Library, Oak knoll Press, 2011/ 데이비드 피어슨 『책(本)』 하라다 노리유키(原田範行) 번역, 뮤지엄토쇼(ミュージアム図書), 2011
- Percy, Thomas, *Reliques of Ancient English Poetry: Consisting of Old Heroic Ballads, Songs, and Other Pieces of Our Earlier Poets, Together with Some Few of Later Date,* 3 vols., London: Printed for J. Dodsley, 1765
- Plumb, J. H., *The Italian Renaissance: A Concise Survey of Its History and Culture,* New York: American Heritage Publishing, 1961/ J. H.플럼 『이탈리아 르네상스(イタリア・ルネサンス)』 이시가미 료헤이(石上良平) 번역, 지쿠마쇼보(筑摩書房), 1968
- Pollard, Graham, 'The Pecia System in the Medieval Universities', in *Medieval Scribes, Manuscripts&Libraries: Essays Presented to N. R. Ker,* M. B. Parkes and Andrew G. Watson (eds.), London: Scolar Press, 1978, pp.145-161
- Pollard, Graham, and Ehrman, Albert, *The Distribution of Books by Catalogue: From the Invention of Printing to A.D. 1800,* Cambridge: Roxburghe Club, 1965
- Presser, Helmut, *Das Buch vom Buch,* Bremen: Carl Schünemann, 1962/헬무트 프레서 『책의 책(書物の本)』 구쓰와다 오사무(轡田収) 번역, 호세다이가쿠슛판쿄쿠(法政大学出版局), 1973
- Pugin, A. Welby, *Contrasts: Or a Parallel between the Noble Edifices of the Fourteenth and Fifteenth Centuries, and Similar Buildings of the Present Day,* London: the Author, 1836
- Quaritch, Bernard, *Contributions Towards a Dictionary of English Book-Collectors: As Also of Some Foreign Collectors Whose Libraries*

Were Incorporated in English Collectors of Whose Books Are Chiefly Met with in England, London: Bernard Quaritch, 1969

· Ramelli, Agostino, *Le Diverse et Artificiose Machine del Capitano Agostino Ramelli,* Paris, 1588

· Reynolds, L. D., and Wilson, N. G., *Scribes and Scholars: A Guide to the Transmission of Greek and Latin Literature,* third edition, Oxford, New York: Clarendon Press, Oxford University Press, 1991/ L.D.레이놀즈, N.G.윌슨 『고전의 계승자들(古典の継承者たち), 니시무라 요시코(西村賀子), 요시타케 스미오(吉武純夫) 번역, 고쿠분샤(国文社), 1996

· Roaf, Michael, *Cultural Atlas of Mesopotamia and the Ancient Near East,* New York: Facts of File, 1966/마이클 로프 『고대 메소포타미아(古代のメソポタミア)』 마쓰타니 도시오(松谷敏雄) 번역 감수, 아사쿠라쇼텐(朝倉書店), 1994, 보급판, 2008

· Roberts, Colin H., and T. C. Skeat, *The Birth of the Codex,* London: printed for British Academy by Oxford University Press; and Nex York: Oxford University Press, 1983

· Saenger, Paul, *Space between Words: The Origin of Silent Reading,* Stanford: Stanford University Press, 1997

· Santini, Monica, *The Impetus of Amateur Scholarship: Discussing and Editing Medieval Romances in Late-Eighteenth and Nineteenth-Century Britian,* Bern: Peter Lang, 2010

· Scott, Kathleen L., *The Caxton Master and His Patrons,* with a preface by J. A. W. Bennett, Cambridge: Cambridge Bibliographical Society, 1976

· Steinberg, S. H., *Five Hundred Years of Printing,* new edition, revised by John Trevitt, London: British Library and New Castle, Del.: Oak Knoll, 1996/S. H. 스타인버그 『서양 인쇄문화사(西洋印刷文化史)』 다카노 아키라(高野彰) 번역, 니혼토쇼칸쿄카이(日本図書館協会), 1985

· Steiner, George, *No Passion Spent:* Essays 1978-1996, London: Faber and Faber and New Haven: Yale University Press, 1996/조지 슈타이너 『언어에 대한 열정(言葉への情熱)』 이토 지카이(伊藤誓) 번역, 호세다이가

쿠숀판쿄쿠(法政大学出版局), 2000

- Stokes, Roy Bishop (rev.), *Esdalie's Manual of Bibliography*, sixth edition, Stephen R. Alamango (ed.), Lanham, Md.: Scarecrow Press, 2001/A.에스데일 지음, R. 스토크(개정) 『서양의 책(西洋の書物)』 다카노 아키라(高野彰) 번역, 유쇼도쇼텐(雄松堂書店), 1972

- Streeter, Burnett Hillman, *The Chained Library: A Survey of Four Centuries in the Evolution of the English Library*, London: Macmillan, 1931

- Suarez, Michael F., and Woudhuysen, H. R. (eds.), *The Oxford Companion to the Book*, 2 vols., Oxford: Oxford University Press, 2010

- Sweet, Rosemary, Antiquaries: *The Discovery of the Past in Eighteenth-Century Britian*, London and New York: Hambledon and London, Palgrave Macmillan, 2004

- Taubert, Sigfred, *Biblopolia: Blider und Texte aus der Welt des Buchhandels*, 2 vols., Hamburg: Hauswedell, 1966

- Thomas, Alan G., *Great Books and Book Collectors*, London: Weidenfeld&Nicolson, 1975

- Thompson, Edward M., *An Introduction to Greek and Latin Palaeography*, Oxford: Clarendon Press, 1912

- Ullman, B. L., *The Origin and Development of Humanistic Script*, Roma: Edzioni di Storia e letteratura, 1960

- Vinaver, Eugène (ed.), *The Words of Sir Thomas Malory*, Oxford: Clarendon Press, 1947

- Williams, Harold, *Book Clubs&Printing Societies of Great Britian and Ireland*, London: printed by the Curwen Press and published by the First Edition Club, 1929

- Willson, Adrian, *The Making of the Nuremberg Chronicle*, with an introduction by Peter Zahn, Amsterdam: Nico Israel, 1977/아드리안 윌슨 『뉘른베르크 연대기의 탄생(ニュルンベルク年代記の誕生)』 가와이 다다노부(河合忠信), 유키시마 고이치(雪嶋宏一), 사가와 미치코(佐川美智子) 번역, 유쇼도숀판(雄松堂出版), 1993

- Winter, I. J., 'Women in Public: The Disk of Enheduanna, The Beginning of the Office of EN-Priestess, and the Weigh of Visual Evidence', in *La Femme dans le Proche Orient Antique,* J. M. Durand (ed.), Paris: Editions Recherche sur les Civilisations, 1987, pp.189-201

· Workman, Leslie J. (Guest Editor). *Poetica* (Tokyo), vols. 39, 40: Special Issues of 1993 'Medievalism and Romanticism, 1750-1850', Shubun International Tokyo, 1994

· Zeising, Heinrich, *Theatrum Machinarum,* 6 vols., Leipzig: Grosse, 1614-1622

· 베르길리우스 『아이네이스(アエネ―イス)』 오카 미치오(岡道男), 다카하시 히로유키(高橋宏幸) 번역, 서양고전총서, 교토다이가쿠가쿠주쓰슛판카이(京都大学学術出版会), 2001

· 아코스타 『신대륙 자연문화사 상(新大陸自然文化史 上)』 마스다 요시오(増田義郎) 번역 및 주해, 대항해시대 총서Ⅲ, 이와나미쇼텐(岩波書店), 1966

· *Catalogue of the Works Printed for the Maitland Club, Instituted March, M.DCCC.XX.VII, with Lists of the Members and Rules of the Club*, 1836

· *Lists of Members and the Rules, with a Catalogue of the Books Printed for the Bannatyne Club Since Its Institution in 1823,* Edinburgh: T. Constable, 1867

· *The Collection of Miniature Books formed by Arthur A. Houghton, Jr.,* London: Christie, Manson&Woods Limited, 1979

· *The Preacher,* chromolithographed and illuminated by Owen Jones, bound by Remnant and Edmonds, London: Longman, 1849

· *The Vernon Manuscript: A Facsimile of Bodleian Library, Oxford, MS. Eng. Poet. A. 1,* with an introduction by A. I. Doyle, Cambridge: D. S. Brewer, 1987

역자 후기

번역을 새로 의뢰받을 때는 마치 맞선 자리에 나가는 사람처럼 언제나 가슴이 두근거리는데, 이번엔 '책에 대한 책'의 번역이었기에 더더욱 마음이 설렜다. 그렇지 아니한가. 평생 나름 먹물을 튀기며 글밥을 먹고 살아왔는데, '책에 대한 책'을 번역하다니, 그야말로 잠을 설칠 일이었다.

얼마 후 집에 도착한 일본어 원서의 띠지에는 정확히 이렇게 적혀 있었다. '책을 사랑한 사람들/책에게 사랑받은 사람들'. 피식 웃음이 났다. 책에게 사랑받은 사람들이라니! 책을 정말로 좋아하는 책벌레의 애틋한 마음이 고스란히 담겨 있었다.

첫 만남부터 반해버린 상대지만, 만나면 만날수록 매력이 넘쳤다. 문자 미디어는 어떻게 탄생했는지, 파피루스 두루마리 책은 어째서 양피지 책자본에게 자리를 내주었는지, 인쇄술의 발명은 어떤 점이 혁명적이었는지, 책을 읽는 방식은 역사 속에서 어떻게 변화했는지 등등,

책과 관련된 깨알 정보로 가득 차 있었다. 책을 좋아하는 사람이라면 틀림없이 사랑하게 될 책이다. 특히 파피루스와 양피지 이야기, 중세 필경사의 온갖 에피소드, 유럽 각지로 필사본 사냥을 떠났던 포조 브라촐리니가 루크레티우스나 퀸틸리아누스를 발견하는 장면, 구텐베르크 성서 이야기, 온 열정을 쏟아 희귀 도서를 모으는 광적 애서가들의 이야기, 정적 속에서 묘한 중세의 음악소리를 담아낸 아름다운 여백이 담긴 책 이야기 등등을 읽고 있노라면, 그야말로 아라비안나이트처럼 그다음 날의 번역 작업이 기다려지곤 했던 책이었다.

책을 왜 읽을까. 과거엔 어땠는지 잘 기억이 나지 않지만, 적어도 최근의 나는 새로운 나를 발견하기 위해 책을 읽곤 한다. 책을 읽으며 새로운 나와 만나고 이야기를 나누는 것은 나를 아끼고 치유하는 소중한 시간이자, 동시에 온전히 나만으로 가득 찬 견고한 시간이었다.

하지만 이 책의 번역을 마친 나는, 좀 더 크고 뜨거운 마음이 되어 있다. 독서란 자기 스스로만이 아니라 세상과 만나고 이야기를 나누는 행위였다. 책을 사랑하고 열망했던 어린 시절의 왕성한 탐구심과 커뮤니케이션에 대한 열망이 문득 떠올랐다. 어린 시절 독서란 삶에 대한 성스러운 탐색이자 수줍은 노크였다.

두근거리는 가슴으로 번역한 이 책이 많은 분들을 사랑해주길 진심으로 기도해본다.

역자 김수희

IWANAMI 86

책의 역사

초판 1쇄 인쇄 2024년 6월 10일
초판 1쇄 발행 2024년 6월 15일

지은이 : 다카미야 도시유키
옮긴이 : 김수희

펴낸이 : 이동섭
편집 : 이민규
책임 편집 : 유연식
디자인 : 조세연
표지 디자인 : 공중정원
영업·마케팅 : 송정환, 조정훈, 김려홍
e-BOOK : 홍인표, 최정수, 서찬웅, 김은혜, 정희철
관리 : 이윤미

㈜에이케이커뮤니케이션즈
등록 1996년 7월 9일(제302-1996-00026호)
주소 : 08513 서울특별시 금천구 디지털로 178, 1805호
TEL : 02-702-7963~5 FAX : 0303-3440-2024
http://www.amusementkorea.co.kr

ISBN 979-11-274-7637-3 04900
ISBN 979-11-7024-600-8 04080 (세트)

SEIYO SHOMOTSUSHI HENO TOBIRA
by Toshiyuki Takamiya
Copyright © 2023 by Toshiyuki Takamiya
Originally published in 2023 by Iwanami Shoten, Publishers, Tokyo.
This Korean print edition published 2024
by AK Communications, inc., Seoul
by arrangement with Iwanami Shoten, Publishers, Tokyo

지성과 양심 이와나미岩波 시리즈